덕베이스의
신나는 리듬덕질

DuckBass

@duckbass7048 · 구독자 1.58천명 · 동영상 599개

DuckBass Shop - Sadowsky Guitars, wyn bass, alpher, wilkins Guitars,DuckBass Strap, Duc...

smartstore.naver.com/duckbass 외 링크 4개

구독

홈　동영상　Shorts　라이브　재생목록　커뮤니티

Sadowsky MetroExpress RV5E - [DuckBass Review] 덕베이스

조회수 5,262회 · 5년 전

Saddowsky MetroExpress Jazz 5string sound!! 이번에 출시된 메트로 익스프레스 베이스 사운드 샘플입니다. 가격대비 성능이 아주 우수하고, 5현음 정말 단단한 것이 특징입니다. 기존의 메트로 라인보다 더 진보했습니다.

website : http://duckbass.com

...

자세히 알아보기

동영상　▶ 모두 재생

Sire V5 5현 Demo
조회수 104회 · 5일 전

중고 베이스 추천 "Sadowsky NYC Ultra Vintage 4st"
조회수 491회 · 1개월 전

30-40만원대 베이스 기타 추천 "스윙 재즈킹 & 스윙 G1Pro"
조회수 287회 · 3개월 전

베이스기타 추천 "스윙 G1 PRO JazzBass 4string"
조회수 357회 · 3개월 전

30만원대 입문용 베이스 데임 &스윙 재즈 베이스
조회수 300회 · 4개월 전

페이스북

인스타그램

블로그

네이버 카페

스마트스토어

| 머리말 |

음악을 들을 때 가장 잘 들리는 소리가 베이스였고, 멋있는 베이스 라인을 들으면서 똑같이 연주하기 위해 많은 시간을 연습실에서 보냈습니다. 국내 교재뿐 아니라 해외에서 교재를 구입해서 연습하고 연주에 활용하면서 앨범을 발매하기도 했습니다. 그렇게 많은 시간을 보내면서 좋은 베이스 연주자는 음악에 맞게 연주하는 것이라는 것을 알게 되었습니다. 음악에 맞는 베이스 연주는 다른 악기들과 조화로운 사운드를 만들어가는 것입니다.

본 교재를 통해 다양한 장르에서 베이스 역할에 맞게 연주하는 기본기를 만들어 가기 바랍니다. 음원을 많이 듣고 베이스가 표현하고자 하는 것에 귀를 기울이기 바랍니다.

저자 김덕현

〈덕베이스의 신나는 리듬덕질〉이라는 제목에서 느껴지듯 본 교재는 베이스의 다양한 리듬을 연습할 수 있도록 구성되어 있습니다. 교재를 천천히 둘러보면 세 가지 큰 장점을 찾아볼 수 있습니다.

하나, 베이스 악보를 보는 것부터 시작해야 하는 초보자들을 위해 기초적인 음악기호에 대한 설명으로 시작합니다. 이는 몇 개의 기호만으로도 책 전체를 이해할 수 있도록 틀을 잡아줍니다.

둘, 예제로 제시된 리프(Riff)들은 왼손의 다양한 경우의 수를 계산하여 나열되어 있습니다. 따라서 이 예제들을 따라 연습하면 연주자가 만나게 되는 운지의 바리에이션을 폭넓게 경험할 수 있고 자연스럽게 피지컬적으로 발전하게될 것입니다.

셋, 예제들의 다양한 리듬은 서양 대중음악의 수없이 많은 그루브를 담고 있습니다. 주어진 예제의 원곡을 들어보고 다시 연주해 보면 저자가 왜 이런 예제를 넣었는지 그 의도를 자연스럽게 이해할 수 있을 것입니다. 저자는 단순한 연습이 아니라 원곡의 그루브를 몸으로 느낄 수 있도록 필수적인 라인을 순서대로 배치해놓았습니다.

이 책은 어떻게 공부해야 할지 크게 고민하지 않아도 순서대로 따라가다 보면 실력이 향상될 수 있는 프로세스를 제공합니다. 예제의 수준과 순서가 다음 단계를 준비하는 방향으로 배치되어 앞 단계 연습의 목적을 뒤로 연결하려는 저자의 노력이 엿보입니다. 또한 초보자부터 전문 연주자가 되기 위한 사람들에 이르기까지 수준별, 단계적 연습이 가능합니다. 자신의 수준에 맞게 부분 부분 선택하여 반복적으로 연습할 수 있게 효과적으로 구성되어 있습니다. 피아노는 바이엘과 더불어 수많은 단계별 연습을 도와주는 교재들이 많이 있습니다. 그에 반해 베이스는 장르와 테크닉에 관한 교재는 많지만 '리듬'이라는 하나의 주제를 바이엘처럼 펼쳐놓은 안내서가 충분하지 않습니다. 〈덕베이스의 신나는 리듬덕질〉은 이런 목마름을 해결해 줄 수 있는 교재이며, '덕베이스'라는 이름으로 알려진 저자의 경험과 노력이 녹아든 결정체입니다. '리듬덕질'을 넘어 각종 테마에 맞는 '덕질' 시리즈로 이어지기를 기대해 봅니다.

-김재환(국제예술대학교 스튜디오 작곡과 전임교수)

베이스에 대한 열정과 사랑을 가진 모든 이들에게 〈덕베이스의 신나는 리듬덕질〉은 단순한 교재를 뛰어넘는 음악 여정의 필수 가이드입니다. 이 책은 12가지 다양한 장르에 걸쳐 베이스 연주의 깊이와 넓이를 탐험할 수 있는 기회를 제공합니다. 록, K-발라드, R&B부터 셔플, 펑크, 하프타임 셔플 그리고 보사노바에 이르기까지, 각 장르의 특색을 살린 베이스 리듬을 마스터할 수 있도록 구성되어 기초부터 시작해 실력을 한 단계 끌어올리고자 하는 베이시스트들에게 완벽한 선택지입니다. 교재에 포함된 MR과 영상 자료는 학습 과 정을 쉽고 효과적으로 만들어주며, 각 테마가 곡의 형식에 맞게 구성되어 있어 기타, 피아노, 드럼과의 합주를 통해 실제 음악적 상황에서 어떻게 적용되는지 직접 경험할 수 있게 해줍니다. 저자 베이시스트 김덕현은 자신의 경험과 지식을 아낌없이 이 책에 담아냈으며 그의 가르침은 단순한 연주 기술을 넘어 음악적 표현의 다양성과 깊이를 이해하는 데 큰 도움을 줄 것입니다.

-Jay Kim(밴드 '커먼그라운드' 리더, 예능 'SNL 코리아' 음악감독)

앙상블을 지도하다 보면 각 장르에 대해 짧은 패턴만 기억해서 처음부터 끝까지 연주하는 베이시스트 학생들이 많습니다. 〈덕베이스의 신나는 리듬덕질〉은 12가지 다양한 장르에 대한 베이스 주법을 단순히 패턴만 나열하지 않고 완곡하여 전체적인 흐름에 맞는 실제적인 연주에 도움을 줍니다. 악보를 보지 못하는 분들에게는 타브 악보를, 혼자 공부하는 분들에게는 MR QR코드를 제공하여 각 니즈를 충족시키고 즐거움을 선사합니다. 베이시스트뿐만 아니라 다른 악기를 공부하는 분들에게도 베이스를 이해하기에 아주 적합한 교재입니다.

-KTG 박상현(프로듀서 겸 재즈피아니스트)

〈덕베이스의 신나는 리듬덕질〉을 통해 여러 장르의 리듬을 연주하게 되면 다양한 장르의 음악을 더욱 친숙하게, 보다 더 즐겁게 연주할 수 있는 힘이 생길 것입니다.

-황성환('한상원밴드' 드러머, 호원대 강사)

베이스에 입문하시는 분들께 이 책을 적극 추천합니다. 초보자도 어렵지 않게 실력을 향상시킬 수 있는 내용과 기본에 충실한 내용을 바탕으로 만든 높은 퀄리티의 MR은 실력 향상에 큰 도움을 줄 것입니다.

-Bighand Joe 조재범(밴드 '커먼그라운드', '아이유 밴드' 퍼커셔니스트, 백석예술대 겸임교수)

이 교재는 초보자들을 위한 훌륭한 안내서입니다. 명쾌한 설명과 함께 전문가 수준의 지식을 담아냈습니다. 입문자들에게 필요한 기본 개념부터 실전 응용까지 다루고 있어 음악 세계로의 첫발을 내딛는 분들에게 아주 이상적인 선택지입니다. 효과적인 학습 경험을 제공하여 빠르게 성장할 수 있도록 도와줄 것입니다.

-박제신(베이시스트)

CONTENTS

베이스 음악 기호법

1. 스타카토(Staccato)

해당 음의 길이를 줄여서 짧게 연주합니다.

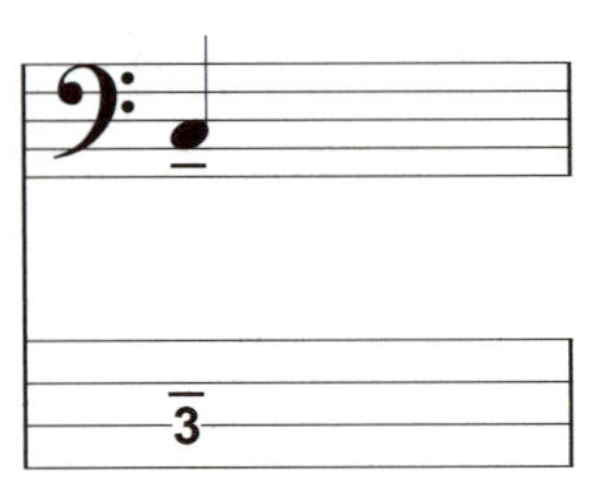

2. 레가토(Legato)

해당 음의 길이를 끊어지지 않게 연주합니다.

3. 브레이크(Break)

음악을 연주하다가 모든 악기들이 멈추었다가 다시 연주합니다.

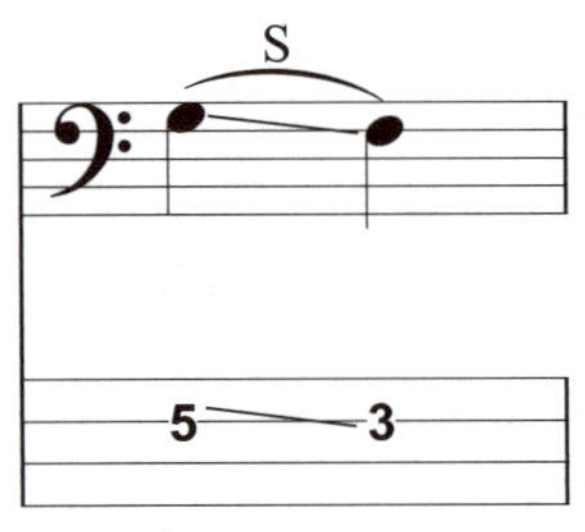

4. 슬라이드(Slide)

첫 번째 음을 연주한 후 동일한 프렛에서 두 번째 음까지 내려오는 주법으로 두 번째 음은 연주하지 않습니다.

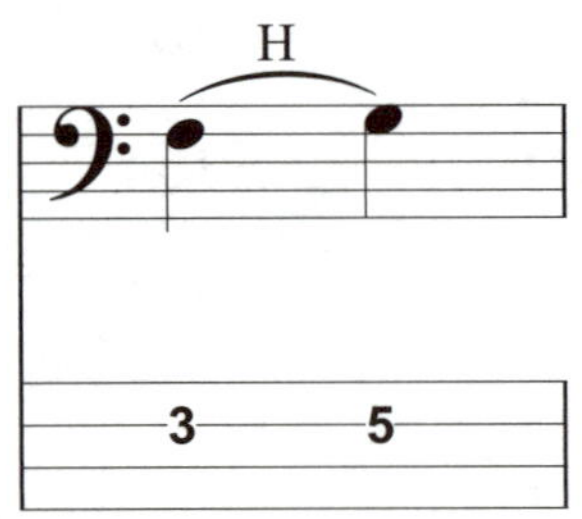

5. 해머온(Hammer-On)

오른손으로 처음 음을 피킹한 후 왼손의 다른 손가락으로 망치처럼 내려쳐서 연주합니다. 낮은 음에서 높은 음으로 올라갈 때 사용합니다.

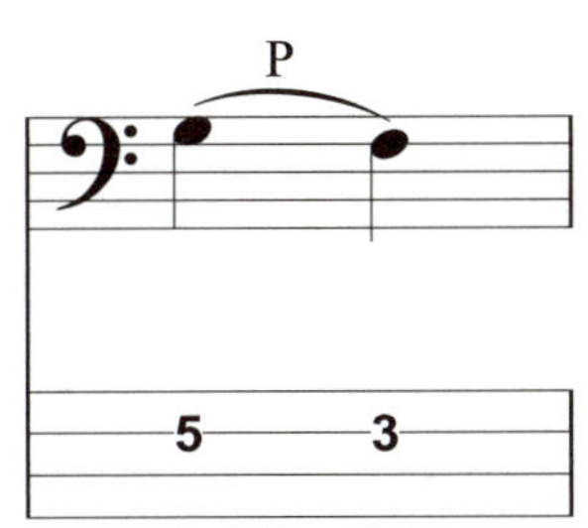

6. 풀오프(Pull-Off)

해머온과 같은 주법으로 높은 음에서 낮은 음으로 내려갈 때 사용합니다.

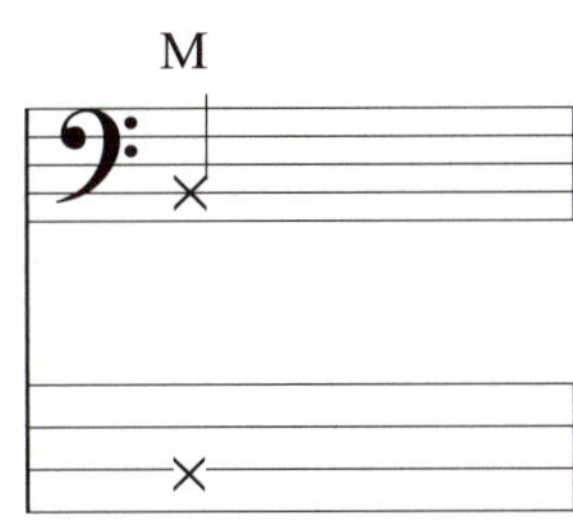

7. 뮤트/데드 노트(Mute/Dead Note)

왼손 손가락을 기호가 표시된 부분 위에 얹어서 음이 아닌 둔탁한 소리가 나게 연주합니다. 이때 길게 누르면 음이 나오고, 프렛 사이를 누르면 하모닉스가 나오기 때문에 주의해서 연주해야 합니다.

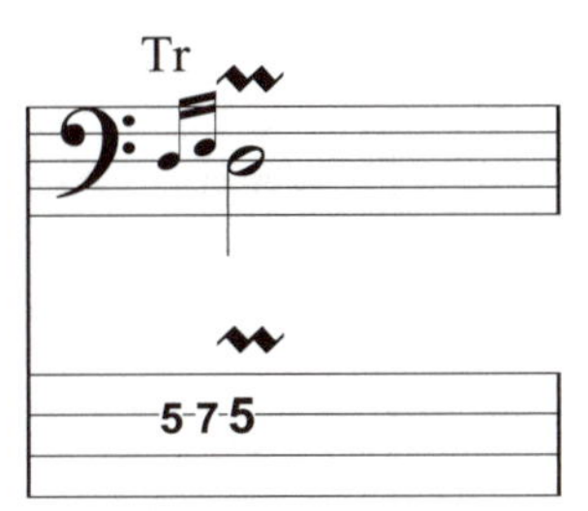

8. 트릴(Trill)

해머온과 풀오프가 연속적으로 이루어지는 주법입니다.

9. 비브라토(Vibrato)

오른손으로 피킹한 것을 왼손으로 부드럽게 떨어주면서 그 진동으로 음을 풍성하게 연주합니다.

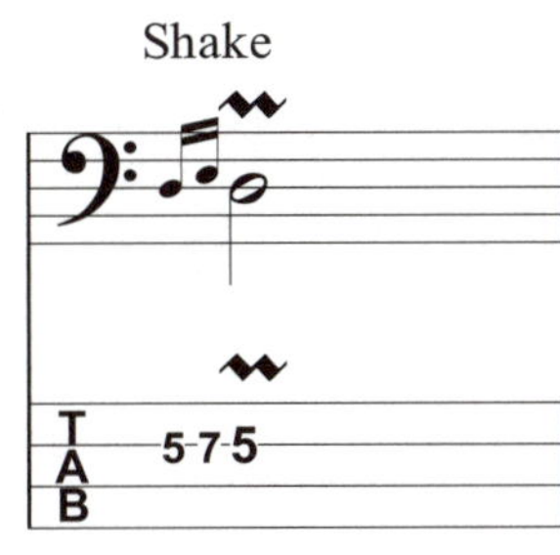

10. 셰이크(Shake)

손가락을 사용하여 위 또는 아래로 반음 슬라이드 하여 한 현의 두 음 사이를 빠르게 전환하는 주법으로, 트릴과 다른 점은 음의 변화 폭을 더 풍성하게 표현할 수 있는 것입니다.

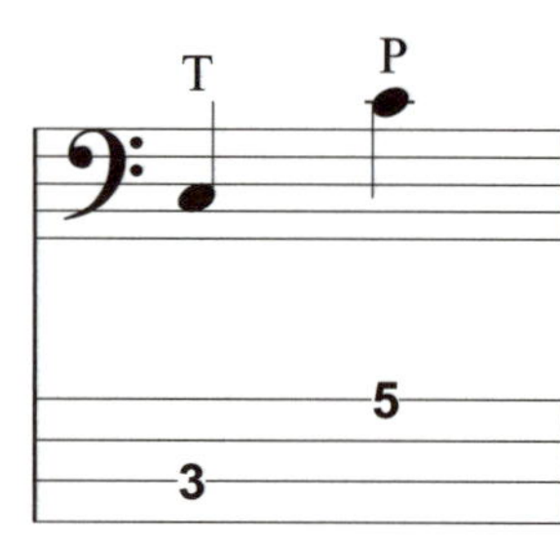

11. 슬랩(Slap)

T-Thumb 오른손 엄지로 내려치는 것으로 순간적인 탄성으로 타악기 같은 소리가 나게 연주합니다.

P-Pluck 오른손 두 번째 손가락으로 줄을 당겨 뜯어 연주합니다.

12. 악센트(Accent)

표시된 부분을 오른손 피킹하면서 더 크게 연주합니다.

13. 당김음(Syncopation)

곡에서 같은 높이의 센 부분과 여린 부분의 순서가 이어져서 센 부분이 여린 부분이 되고, 여린 부분의 위치와 센 부분의 위치가 바뀌어버린 현상을 말합니다. 이것은 같은 마디 안에서도 이루어지고, 두 마디에 걸쳐서 표현되기도 합니다. 같은 마디 안에서는 하나의 음표로 적거나 붙임줄로 연결해서 나타내며, 두 마디에 걸쳐질 때는 붙임줄로 표현합니다. 본 교재에서 주로 사용하는 음악 용어입니다.

14. 마디(Bar/Measure)

특정한 빠르기(tempo)와 **구체적인 박**(beat)을 포함한 것을 마디라고 합니다. 마디는 오선지에서 세로줄에 의해 구분되며 세로줄은 마디의 시작과 끝을 지정한다고 할 수 있습니다.

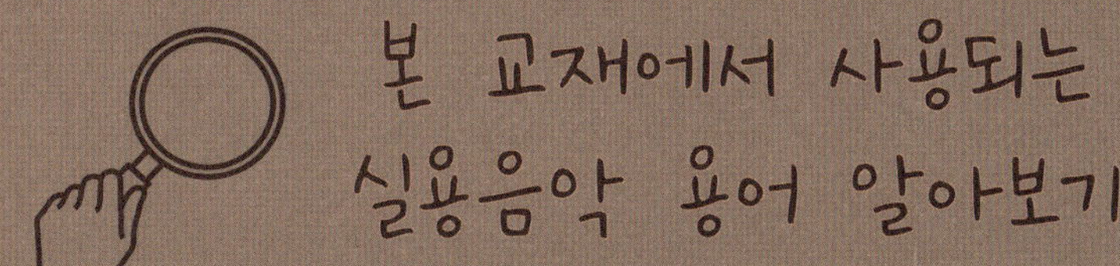

1. **인트로(Intro)** 곡의 전주 부분으로 곡의 분위기를 소개하는 부분이라고 할 수 있습니다.
2. **벌스(Verse)** 음악에서 쓰이는 용어로 1절, 2절의 '절'이 Verse입니다. 곡을 전체적으로 설명하는 부분이라고 할 수 있습니다.
3. **코러스(Chorus)** 곡의 후렴구를 말하는 것으로 보통 곡에서 가장 기억하기 쉽게 만듭니다.
4. **인터루드(Interlude)** 곡의 중간에 있는 것으로 일반적으로 간주라고 말합니다. 곡 분위기를 반전시키거나 쉬어가는 부분으로 사용되기도 합니다.
5. **엔딩/아웃트로(Ending/Outro)** 곡을 마무리 짓기 위한 부분입니다.
6. **섹션(Section)** 리듬을 맞춰주는 악기 그룹을 말하며, 드럼, 베이스, 기타, 피아노 그 외 혼악기들이 같이 맞춰서 연주하는 것을 말합니다. 유니즌과의 차이점은 화성이 있는 것과 없는 것이라고 할 수 있습니다.
7. **유니즌(Unison)** 화성을 붙이지 않고 악기들이 동시에 같은 멜로디와 같은 음만 연주하는 것입니다.

베이스를 연주하기 전에 실용음악 용어와 다양한 리듬 스타일을 이해하는 것이 중요합니다. 베이시스트는 음악 형식에 어울리는 베이스 라인을 표현할 수 있어야 하며, 본 교재는 리듬별로 기본적인 라인들과 곡 형식에 맞게 분류해 놓았습니다. 교재 예제들을 통하여 기본적인 베이스 라인을 통해 나만의 독창적인 베이스 라인을 만들어가기 바랍니다.

Rock In Am

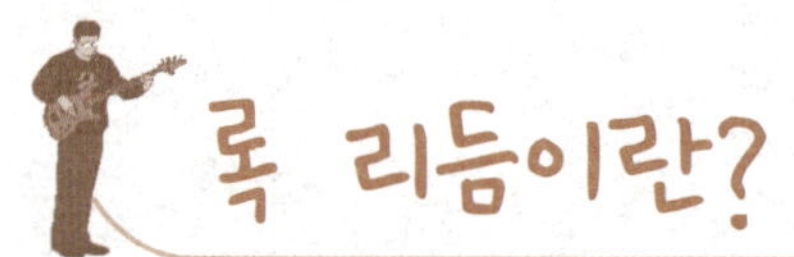

Rock Rhythm

1950년대와 60년대에 시작된 로큰롤Rock and Roll 스타일을 말합니다. 엘비스 프레슬리Elvis Presle를 시작으로 로큰롤은 다양한 록 스타일로 발전하게 되었습니다. 여기서 베이스 연주는 4분음표 또는 8분음표 리듬과 하모니를 나타내는 멜로디 베이스 라인을 유지하는 것이 중요합니다. Tempo 100~130까지 속도를 조금씩 늘려가며 최대한 양손 핑거링을 동일한 터치로 유지하고, 8분음표 악센트와 당김음Syncopation을 주의해서 연주합니다.

Basic Rock Bass Pattern

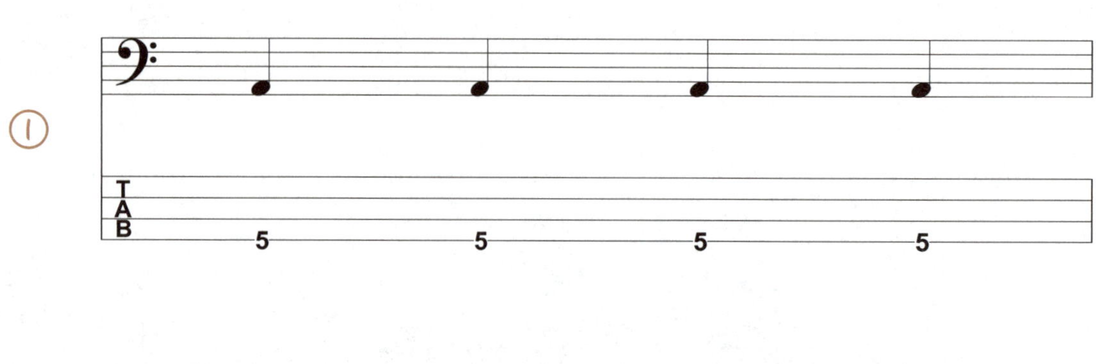

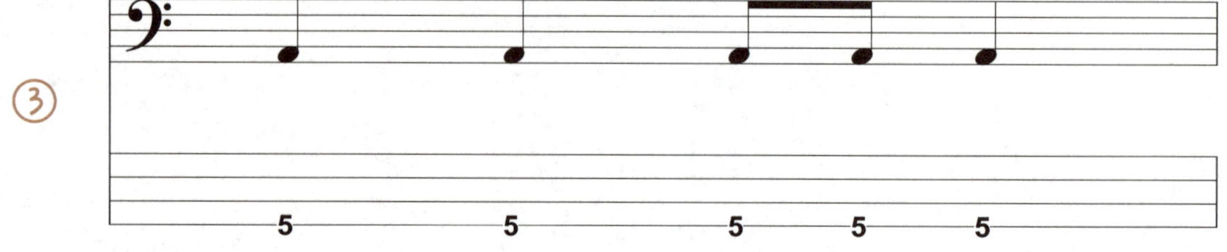

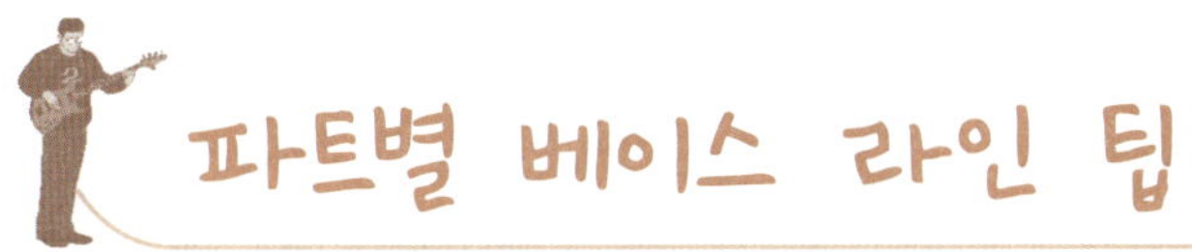

파트별 베이스 라인 팁

전주(Intro) 오른손 핑거링은 부드러운 터치로 연주하고, 8마디 섹션 스타카토와 브레이크를 잘 지켜 연주합니다.

Intro

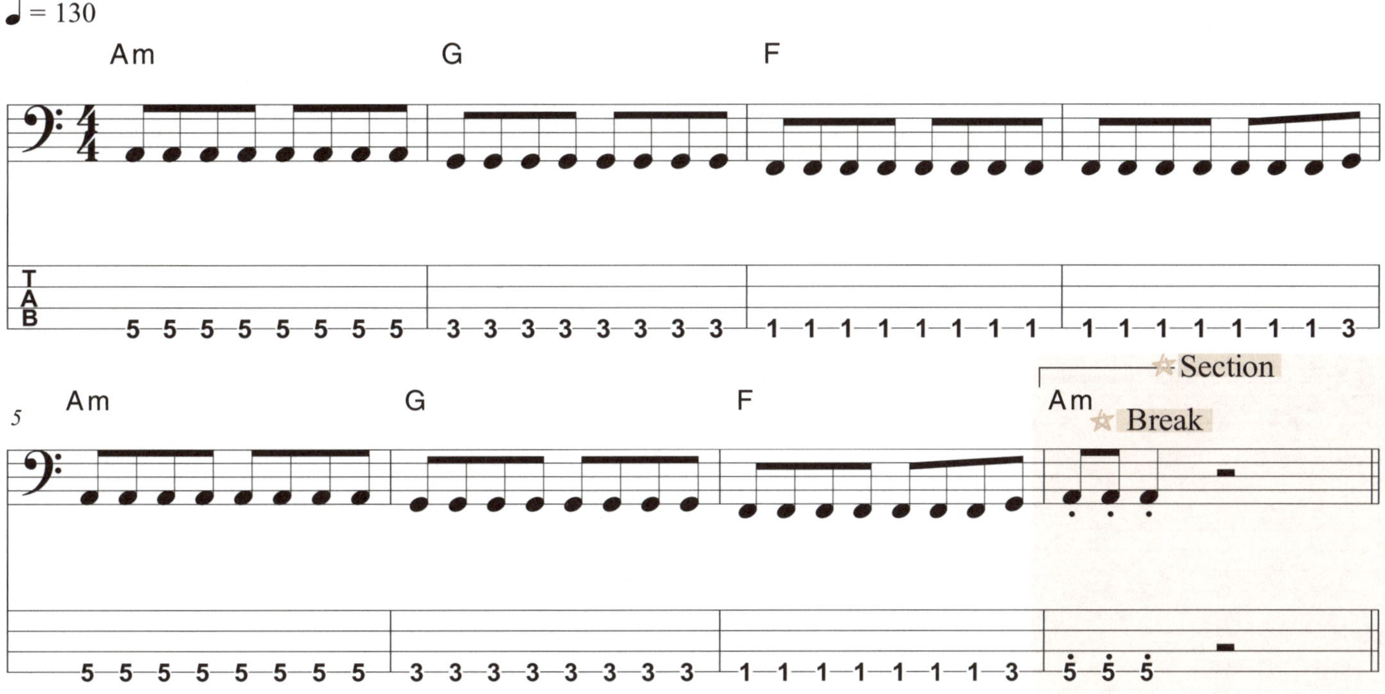

벌스 1(Verse 1) 4분음표 길이를 유지하고, 15–16마디 유니즌(Unison)은 기타, 피아노 모두 같이 연주합니다.

Verse 1

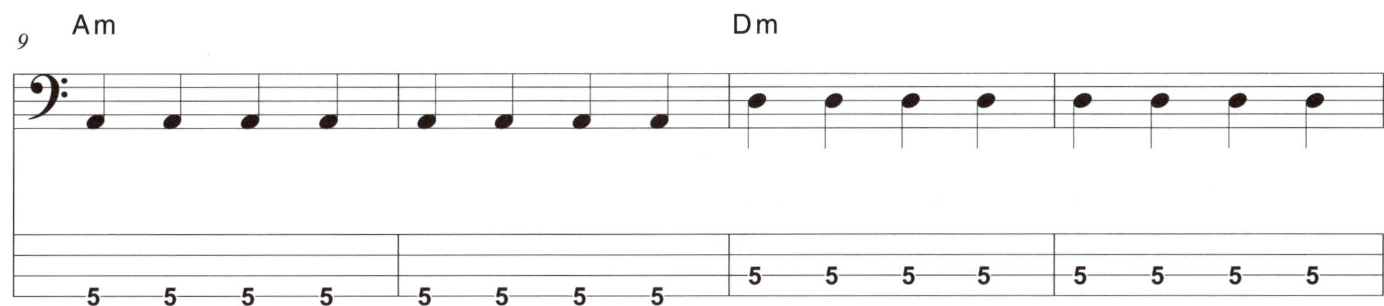

4분음표, 8분음표를 조화롭게 연주해야 하며, 스타카토와 레가토에 주의하여 24마디 섹션을 잘 지켜 연주합니다.

Chorus 1

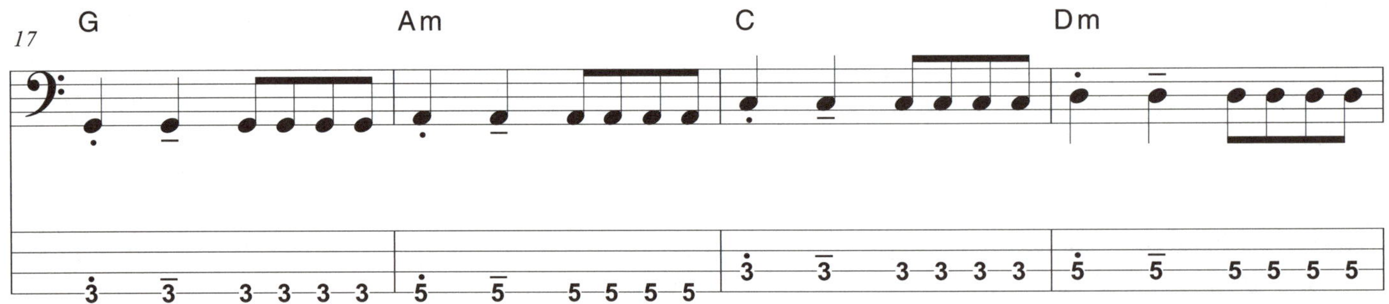

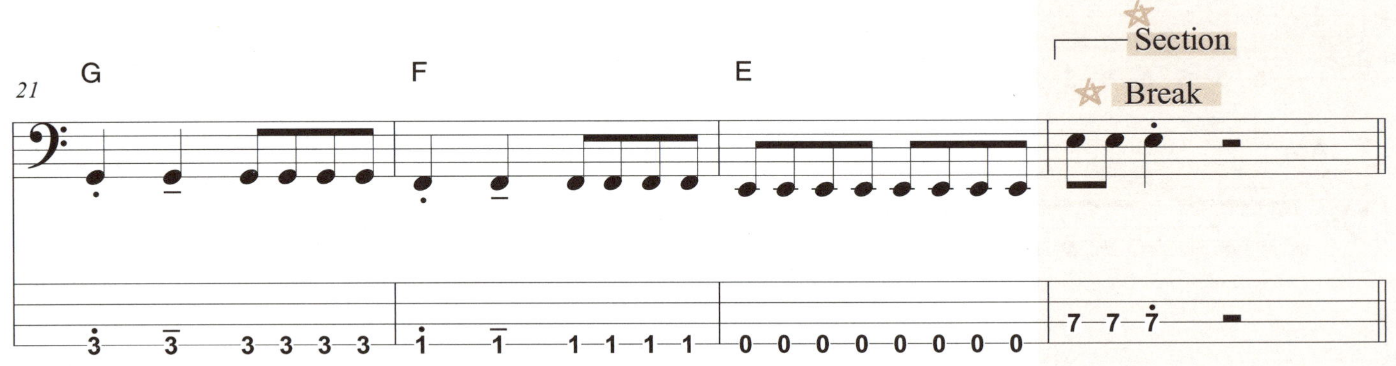

쉼표를 정확하게 지키고, 27마디 4박자 반에 들어가는 당김음(Syncopation)과 브레이크를 정확하게 연주합니다.

Interlude

벌스 2(Verse 2) Verse 1과 다르게 리듬 패턴 변화를 주기 위해 2박자마다 당김음을 사용했으며, 마지막 35~36마디 유니즌(Unison)은 기타, 피아노 함께 맞춰 연주합니다.

Verse 2

코러스 2(Chorus 2) 4분음표, 8분음표 콤비네이션과 스타카토, 레가토, 당김음과 브레이크를 지켜서 연주하기 바랍니다.

Chorus 2

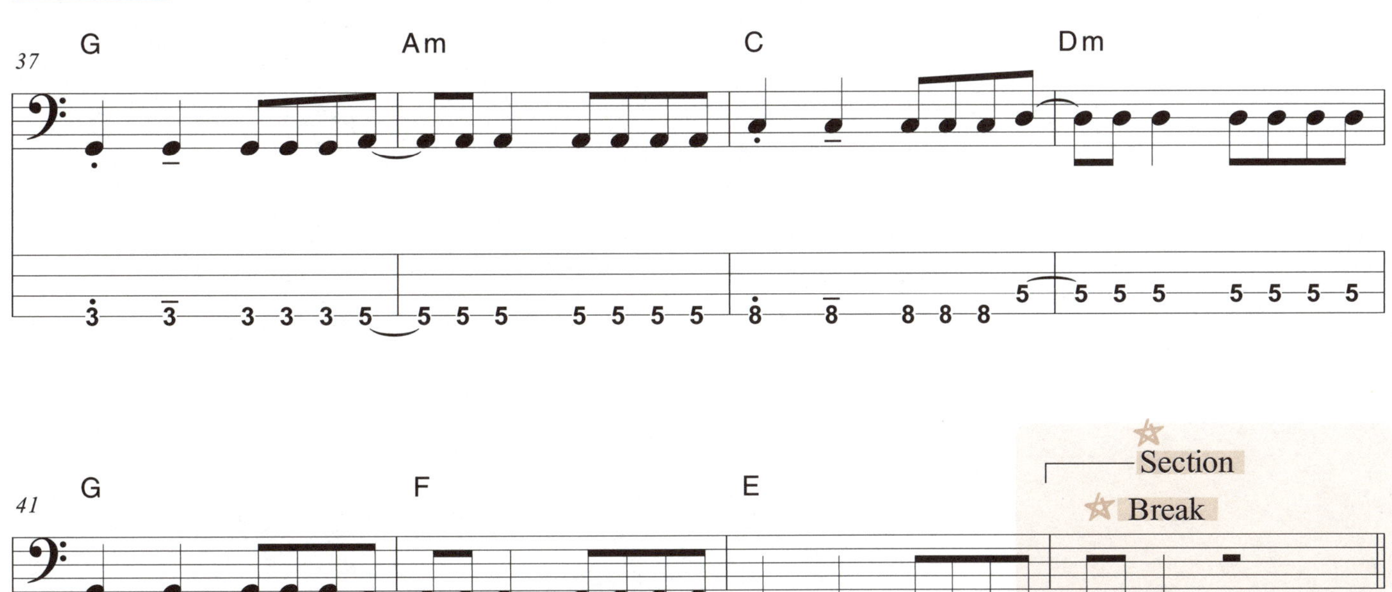

마지막 하이라이트로 기타, 베이스, 키보드, 드럼 모두 맞춰 연주합니다.

예제곡에서 사용되는 음계

A 마이너 펜타토닉 스케일

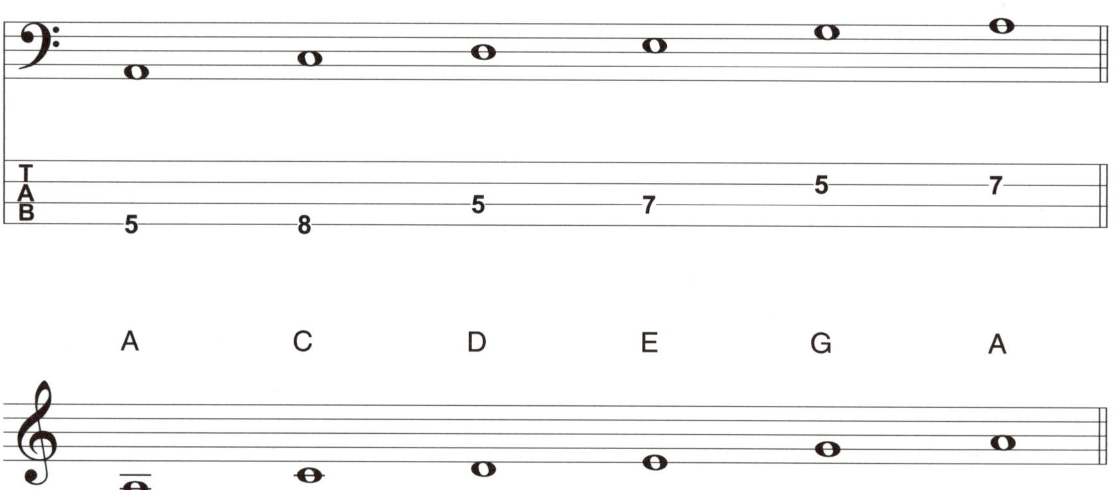

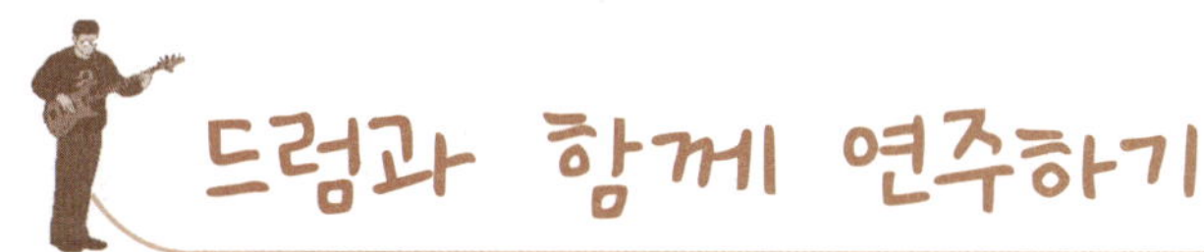

드럼과 함께 연주하기

Intro

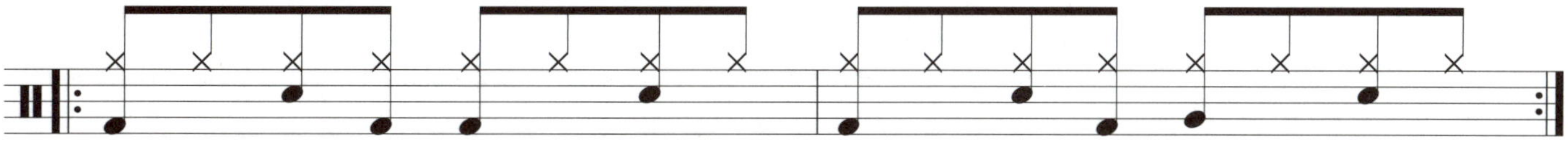

Verse 1 **Verse 2**

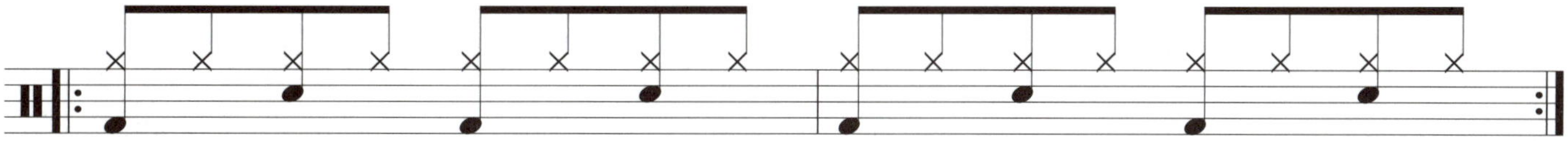

Chorus 1 **Chorus 2**

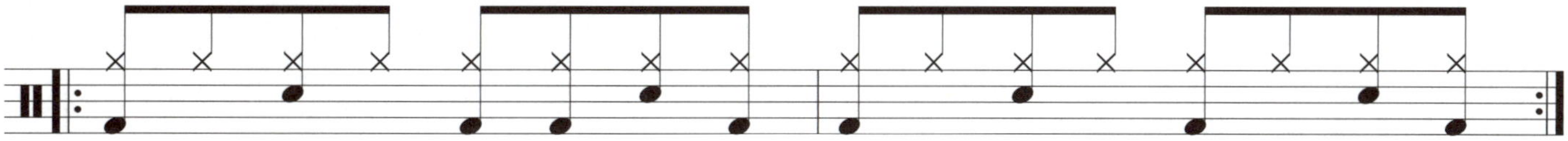

Interlude

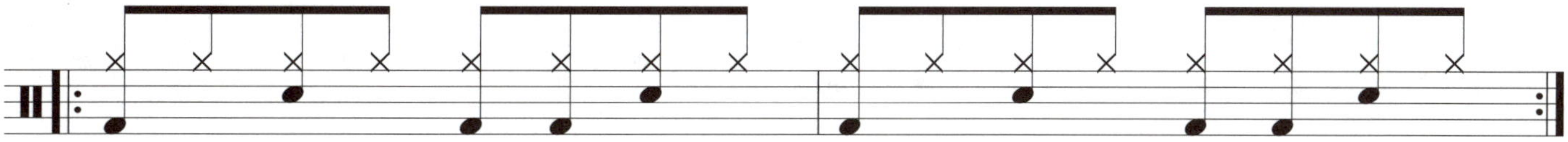

Ending

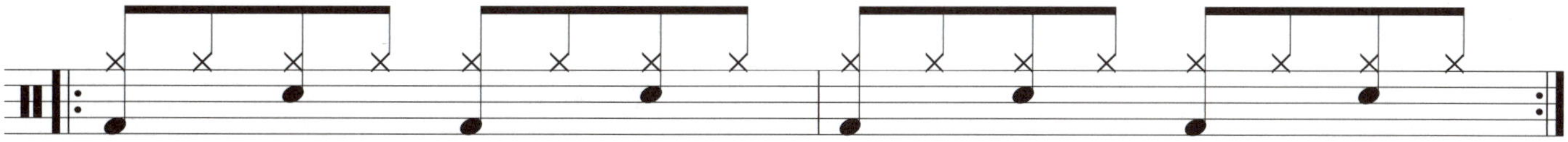

Basic Rock in Am

Intro

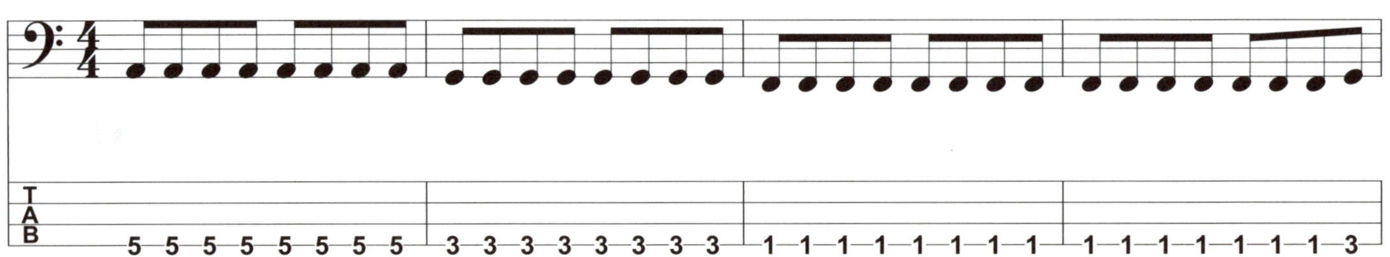

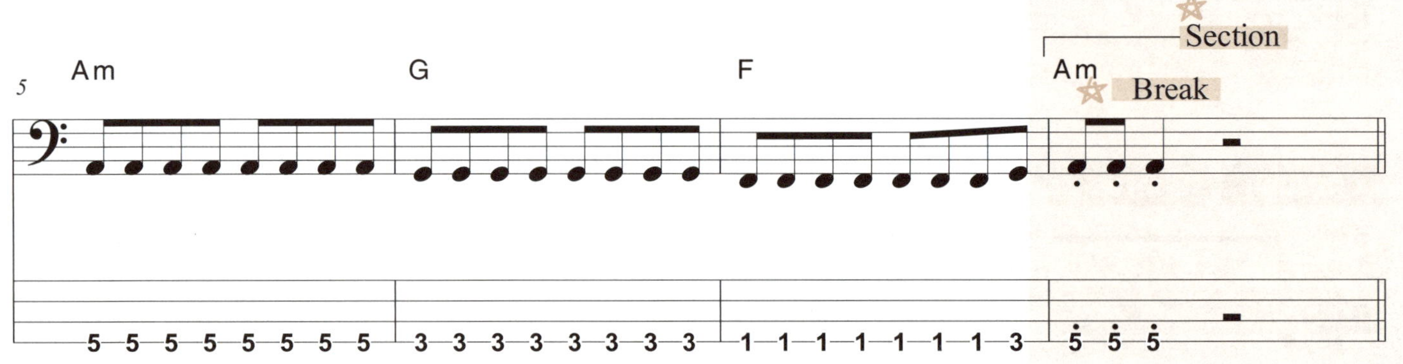

Verse 1

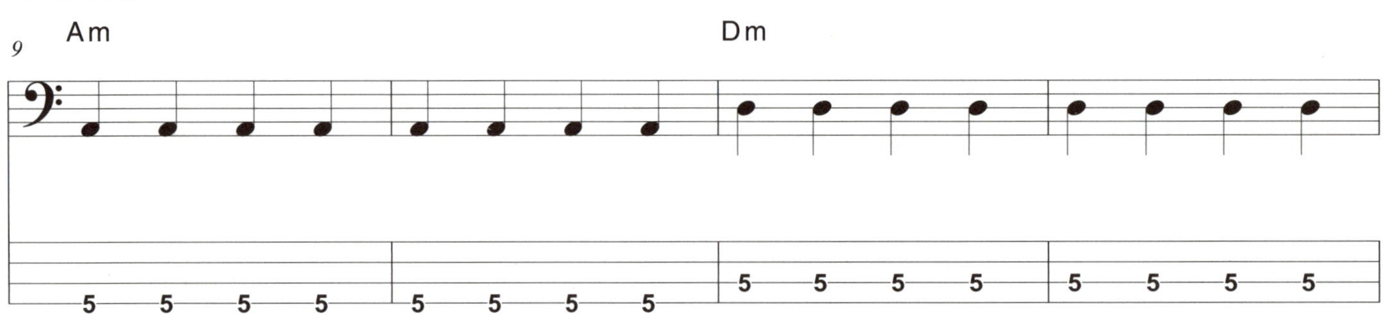

Chorus 1

17
G
Am
C
Dm

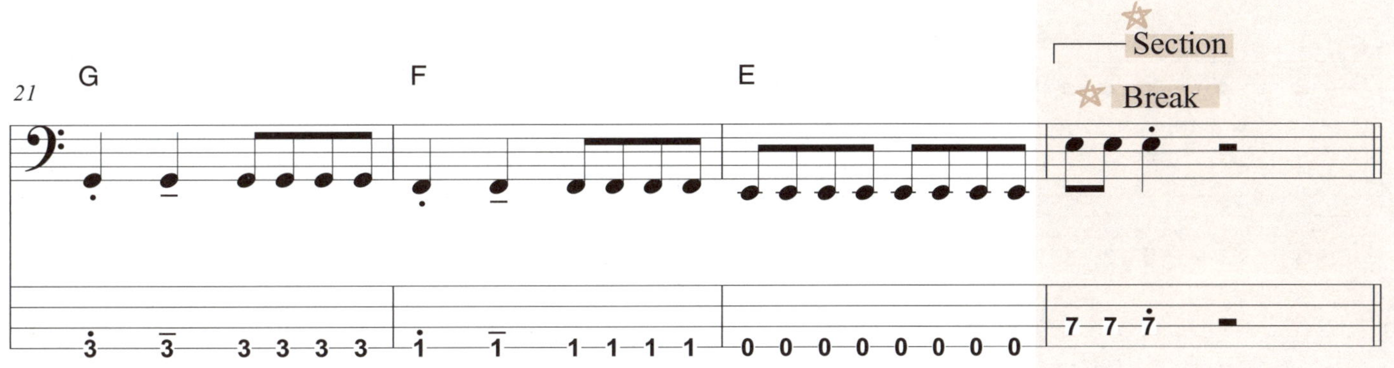
21
G
F
E
Section
Break

Interlude

25
Am
G
F
E

Verse 2

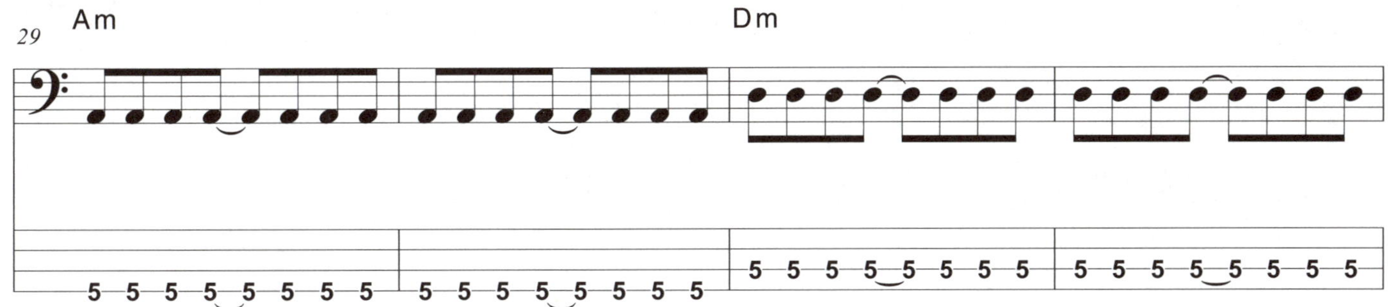
29
Am
Dm

Chorus 2

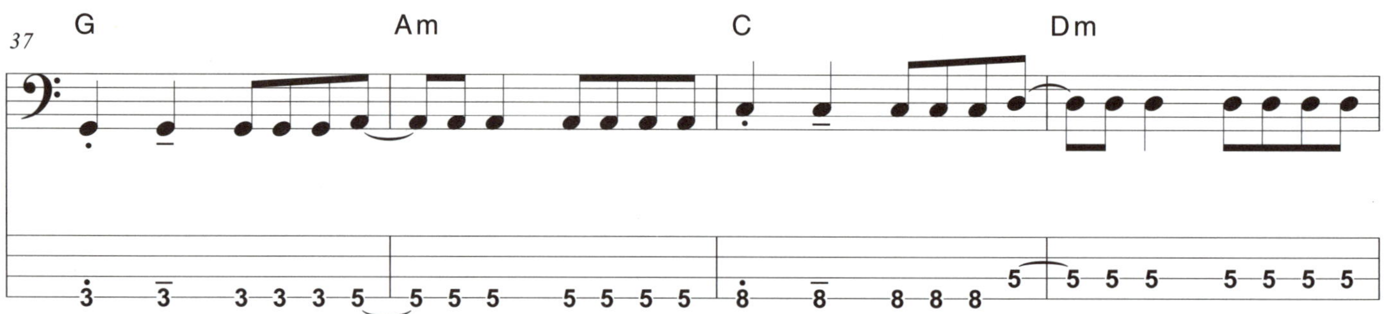

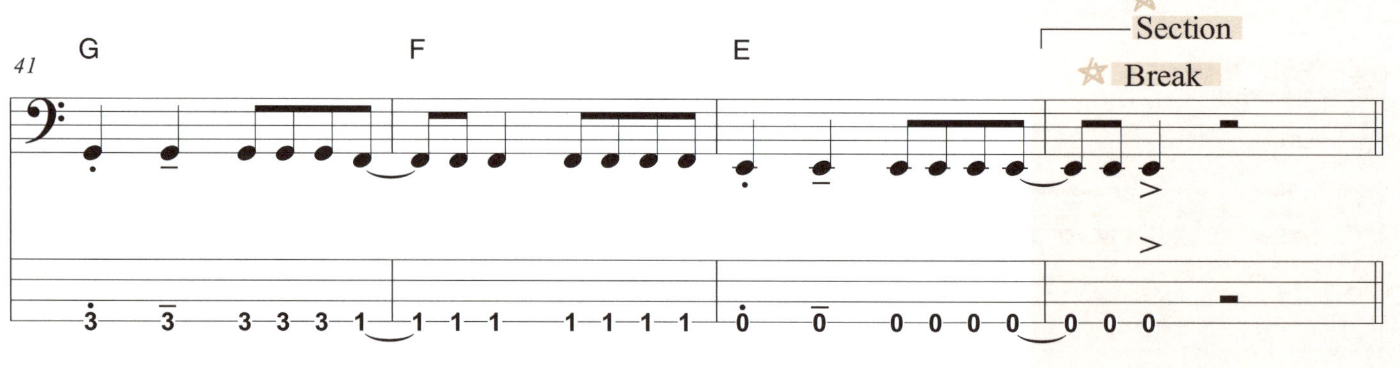

Ending

응용 록 베이스 라인

모범 연주

MR

Rock in Am

Intro

♩ = 130

Verse 1

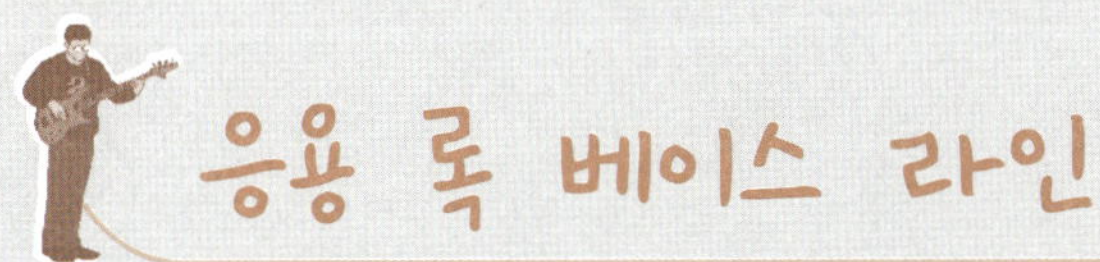

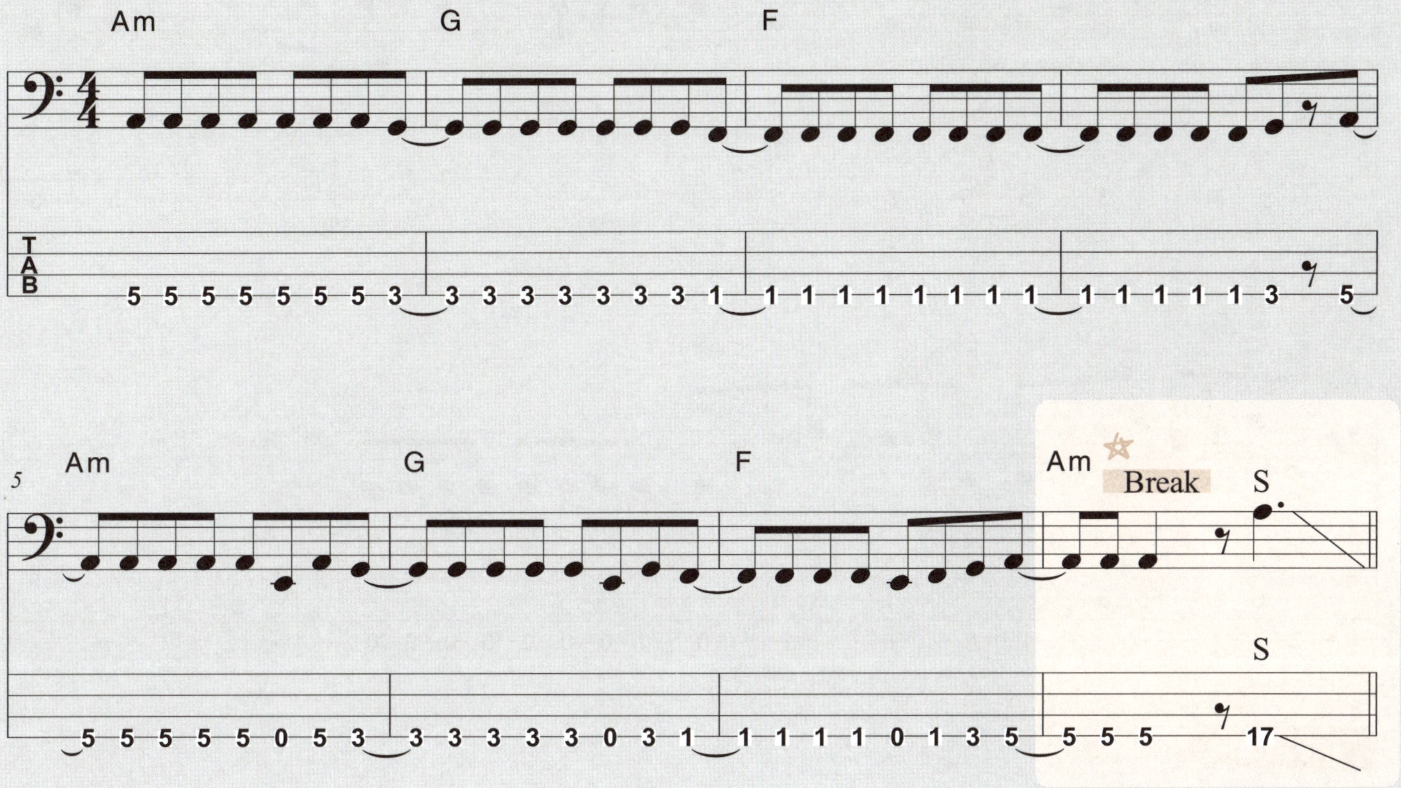

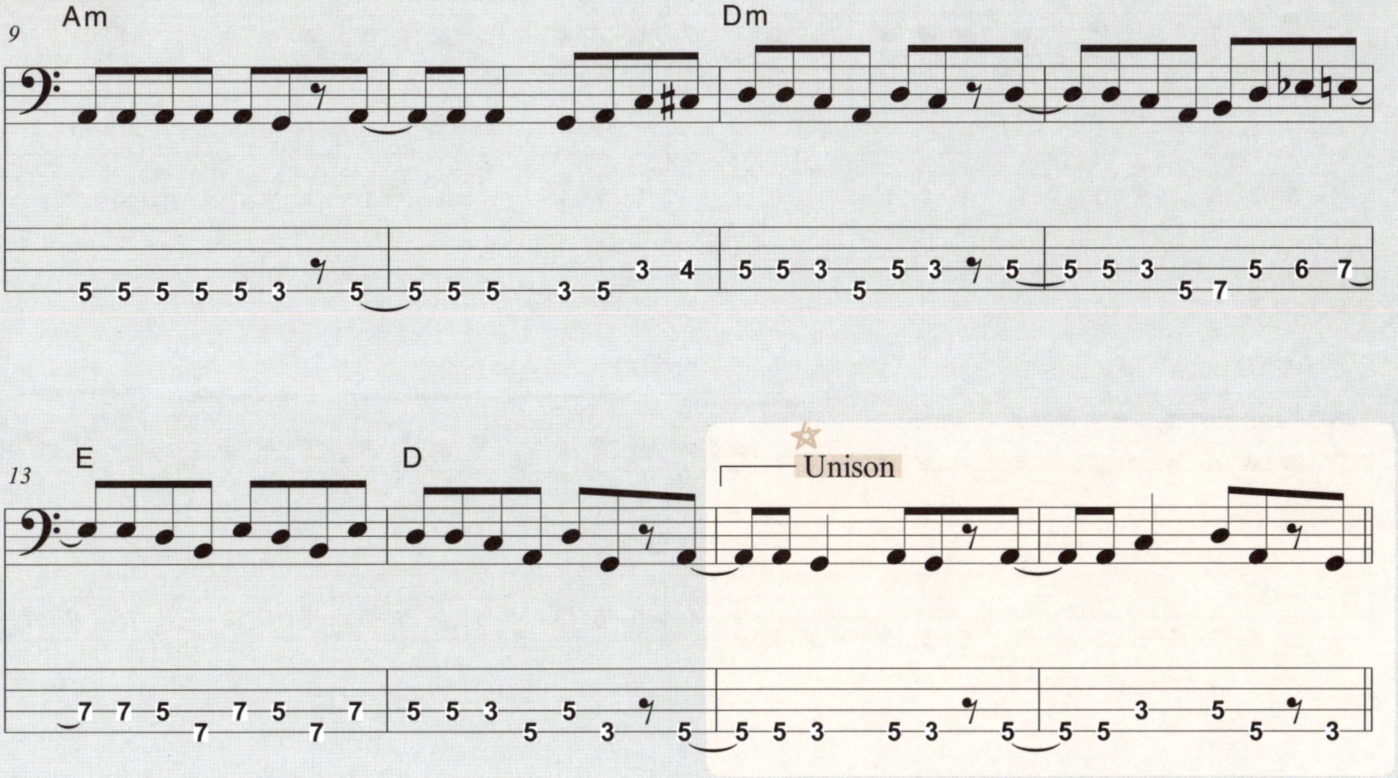

Chorus 1

Chorus 1
17
G
Am
C
Dm

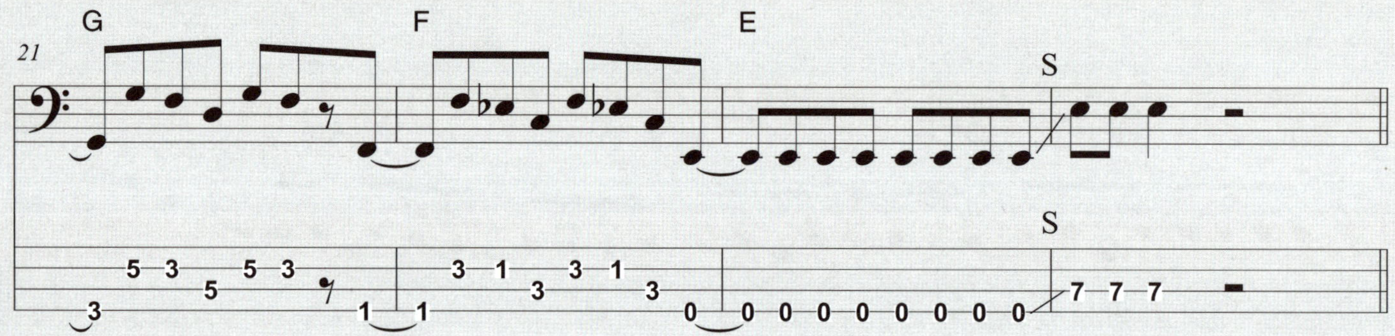
21
G
F
E
S
S

Interlude

Interlude
25
Am
E
F
G

Verse 2

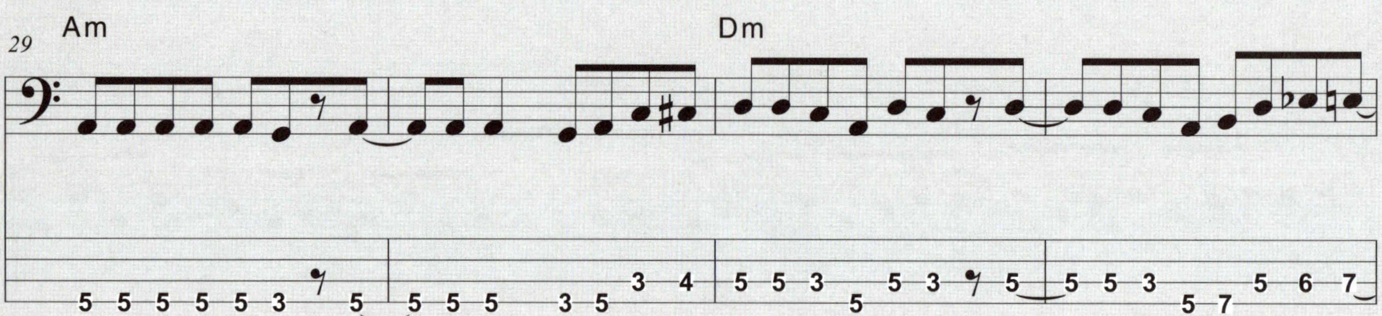
Verse 2
29
Am
Dm

Chorus 2

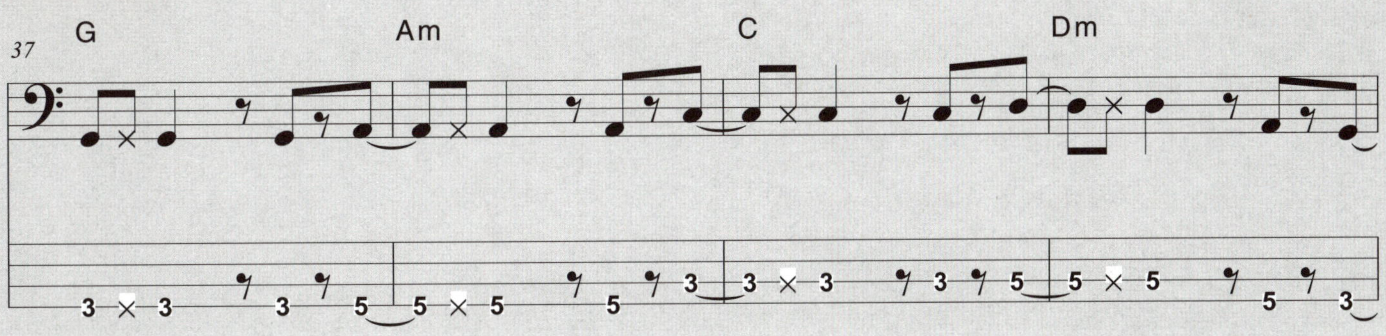

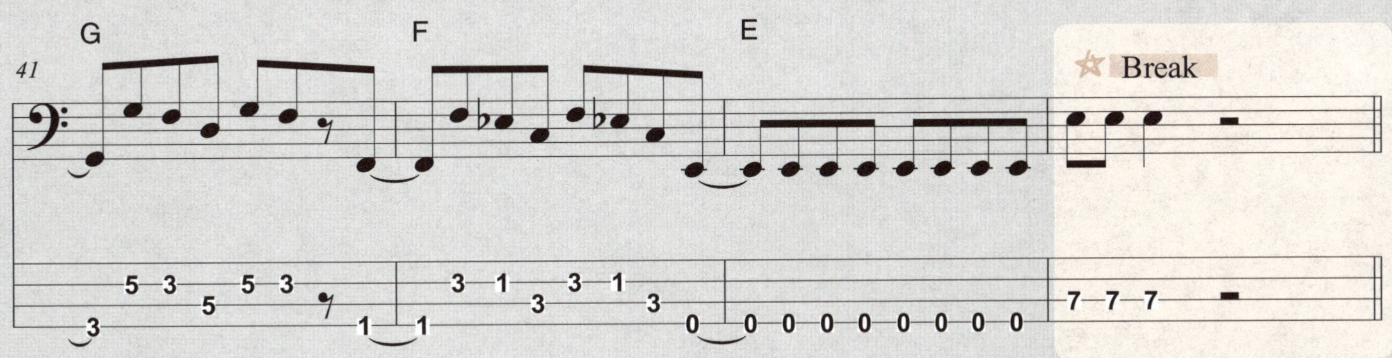

Ending

K-Ballad in F

K-발라드 리듬이란?

K-Ballad Rhythm

발라드라는 용어는 여러 장르가 섞인 것이라고 할 수 있습니다. 본 교재에서는 가요 발라드에 대한 부분을 중점적으로 설명하겠습니다. 가요는 영어로 K-POP이라 부르며 종류로는 재즈 발라드, 알앤비 발라드, 컨트리 발라드 등이 있습니다. 부활, 김경호, 박완규, M.C The Max와 같은 록 가수들이 부르는 록 발라드도 있습니다. 대부분 느린 템포로 이루어졌으며, 서정적인 멜로디와 편안한 리듬이 돋보입니다. 발라드 음악에서 베이스의 역할은 음과 음 사이의 길이를 잘 연주하는 것이 중요합니다.

기본적인 K-발라드 베이스 패턴

Basic K-Ballad Bass Pattern

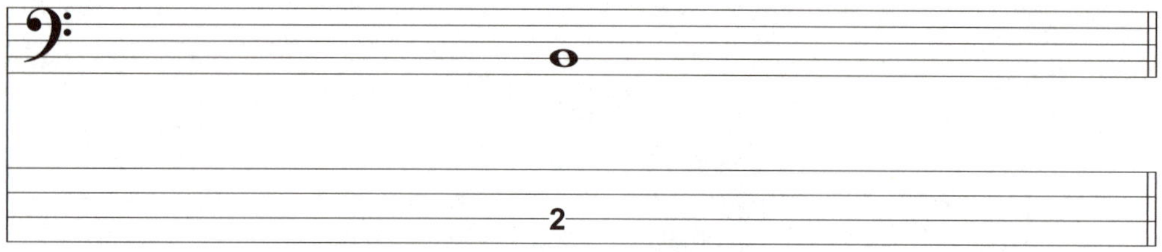

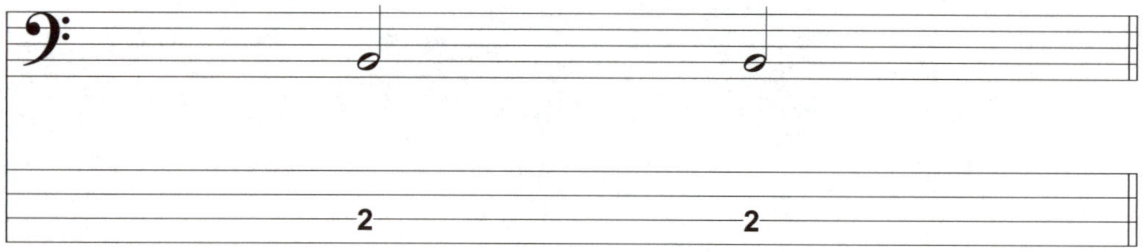

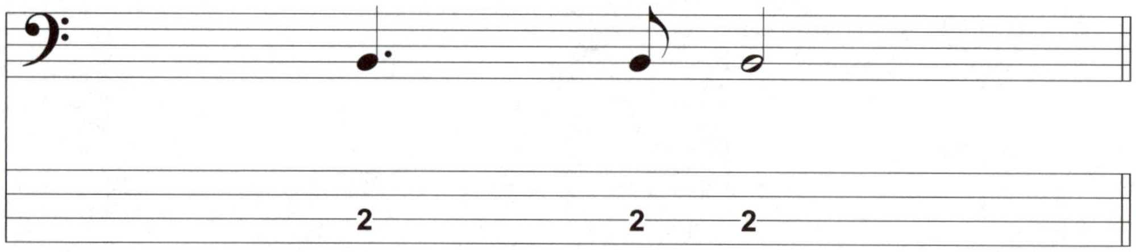

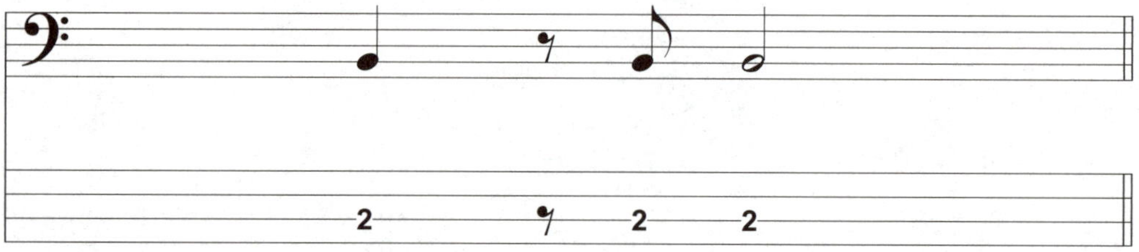

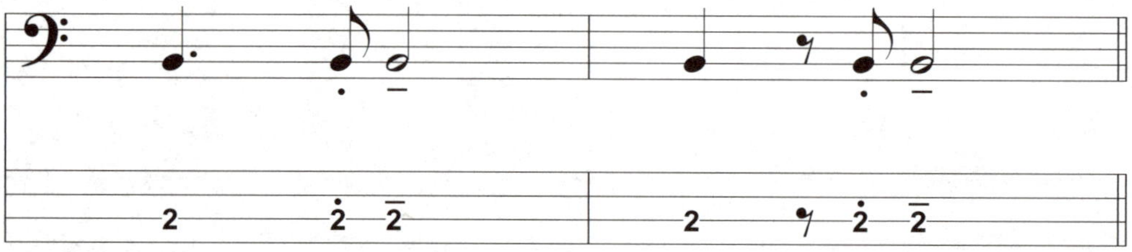

파트별 베이스 라인 팁

전주(Intro) 전주에서는 스타카토와 레가토를 잘 지켜 연주합니다. 4마디에 있는 섹션과 8마디 온음표를 부드럽게 연주하고, 4박자를 정확하게 지켜서 연주합니다.

Intro

벌스 1(Verse 1) 코드 진행에 따라 음 길이를 정확하게 연주하고, 16마디 섹션을 잘 지켜 연주합니다.

Verse 1

한마디에 코드가 두 개 있는 곳은 2박자씩 연주하고, 24마디 섹션을 잘 지켜 연주
합니다.

Chorus 1

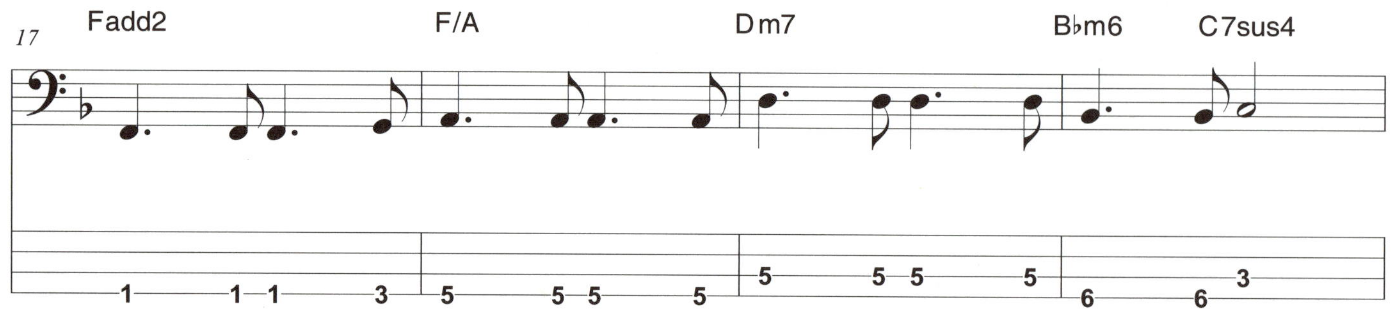

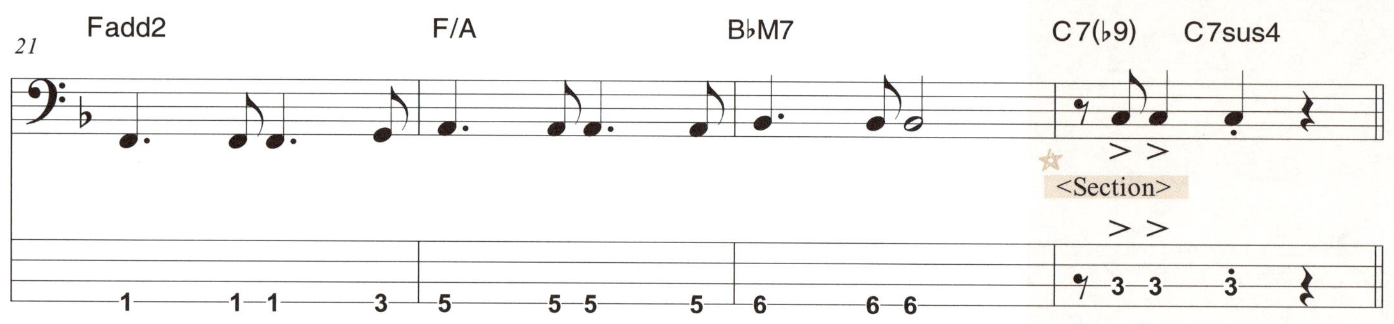

간주에서 16분음표가 추가되면서 마디 사이를 베이스 라인으로 연결했습니다.

Interlude

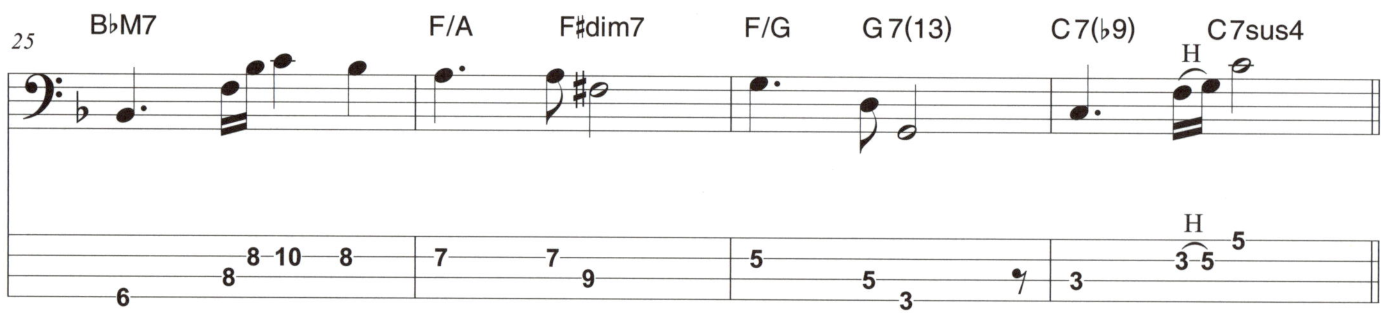

Verse 1보다 음악적인 고조를 위해 코드의 베이스 라인을 근음과 5도, 8도를 사용해서 발전시켰고, 36마디 섹션을 유의하여 연주합니다.

Verse 2

코러스 2(Chorus 2) 8비트를 편안하게 연주하는 것이 중요하며, 44마디 섹션을 잘 지켜 연주합니다.

Chorus 2

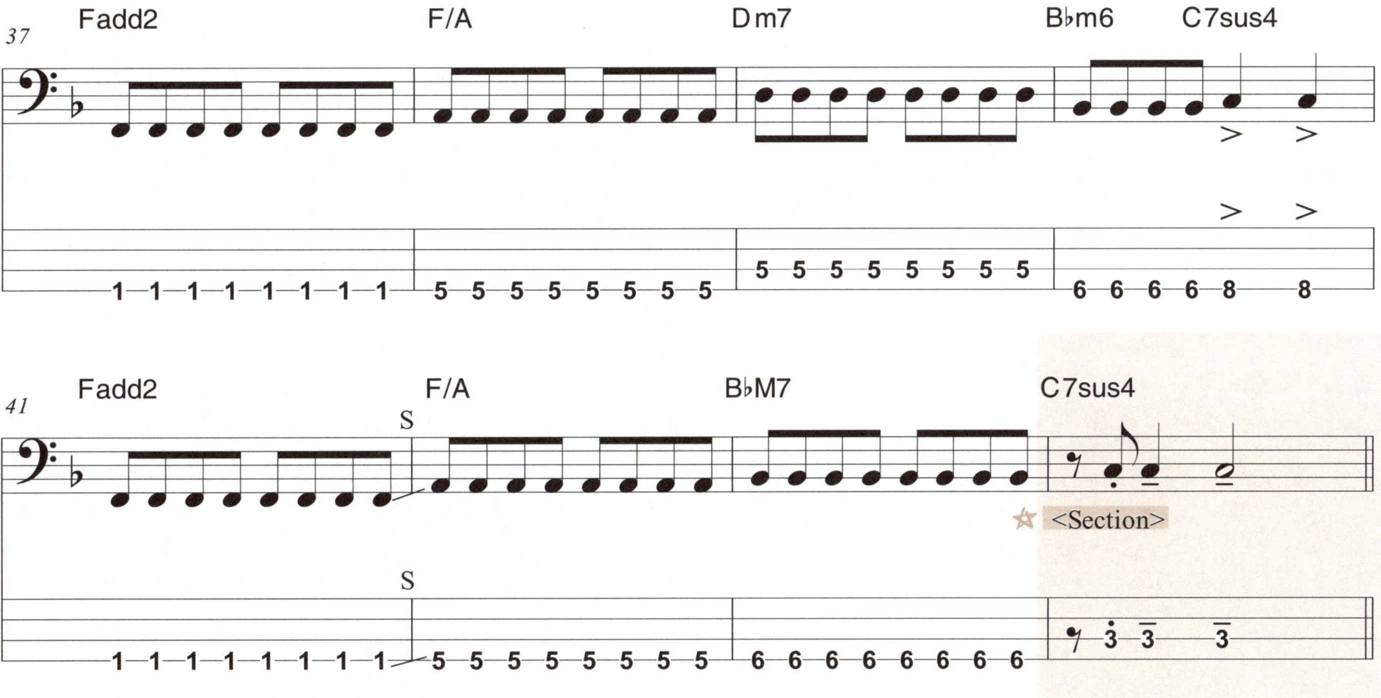

곡의 마지막 하이라이트 부분으로 8분음표, 16분음표, 2분음표, 온음표를 마디마다 잘 지켜 연주합니다.

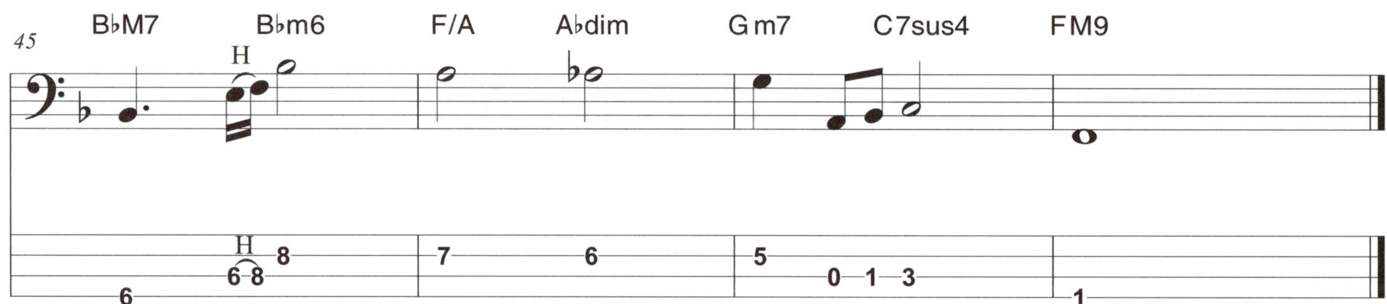

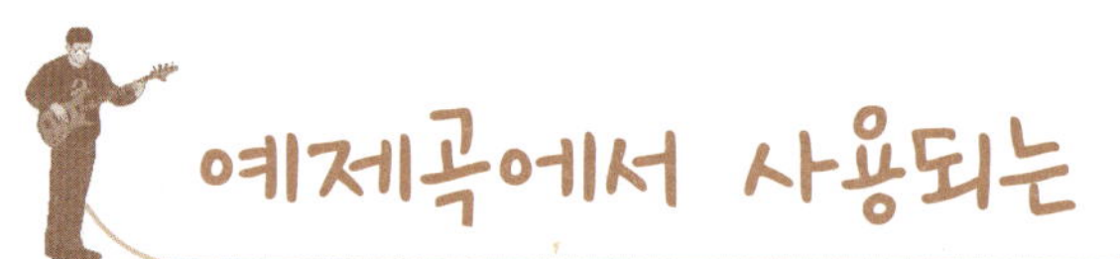

예제곡에서 사용되는 음계

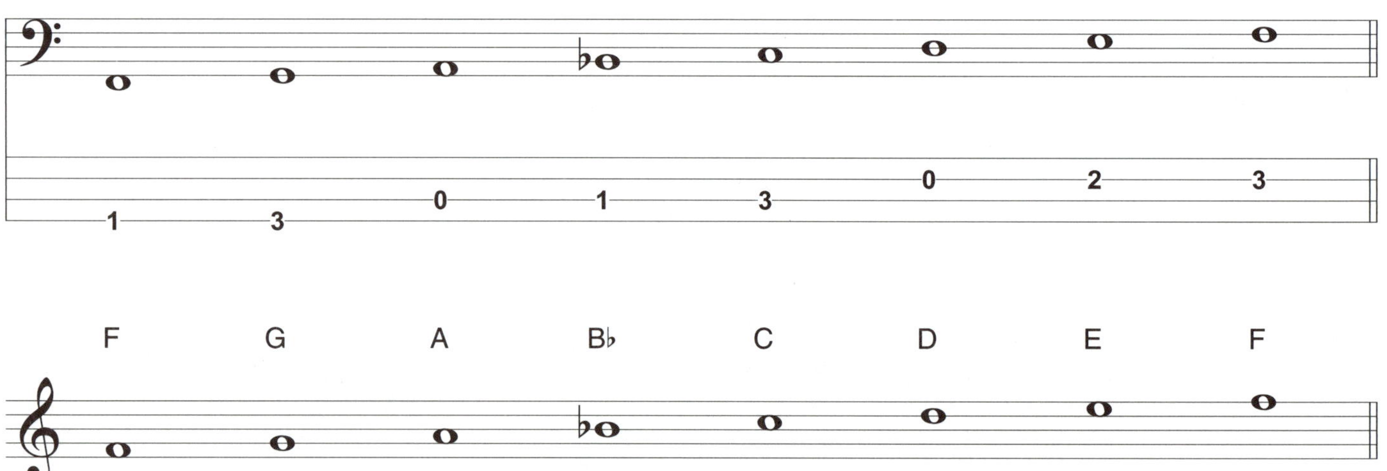

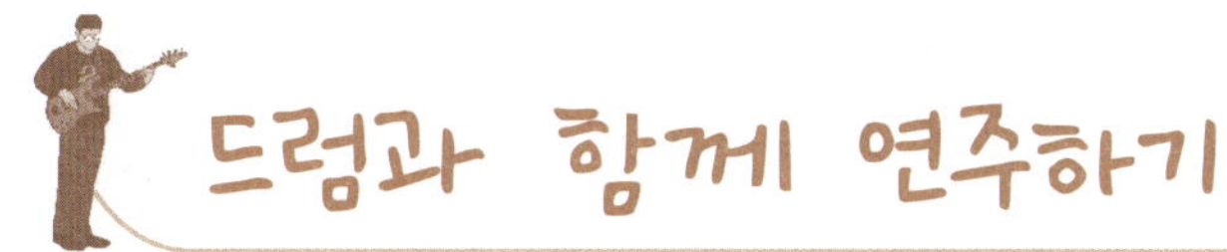

드럼과 함께 연주하기

Intro **Verse 1** **Verse 2**

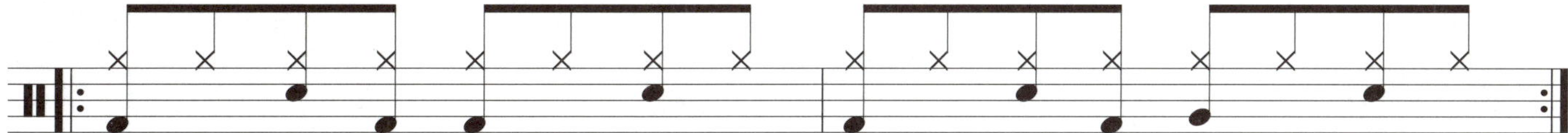

Chorus 1 **Chorus 2**

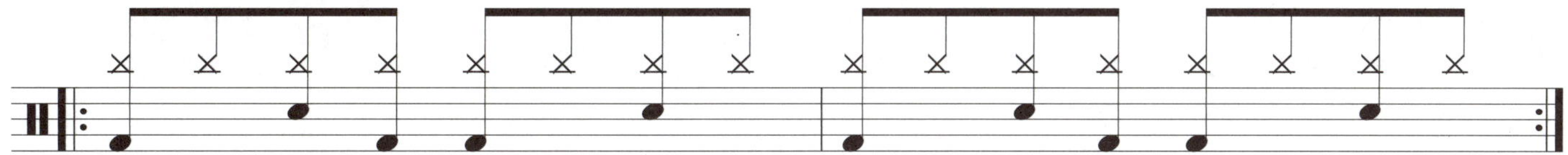

Interlude

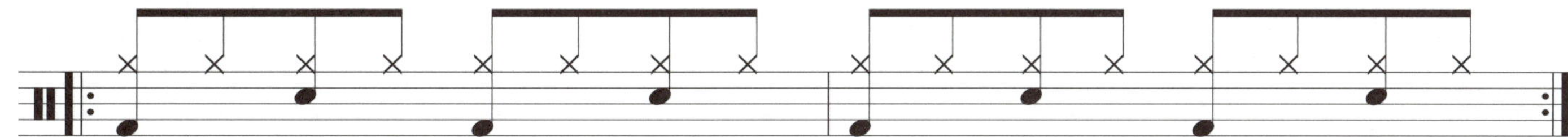

Ending

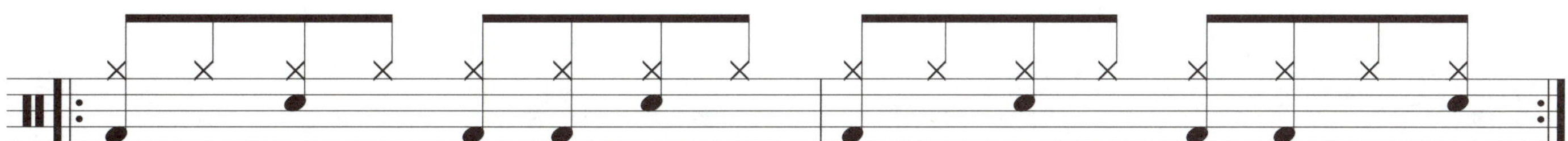

Basic K-Ballad in F

Intro

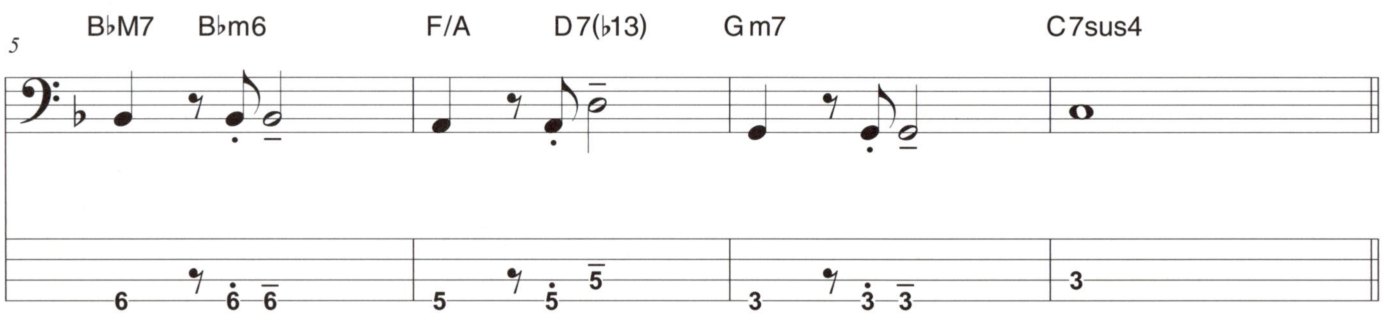

Verse 1

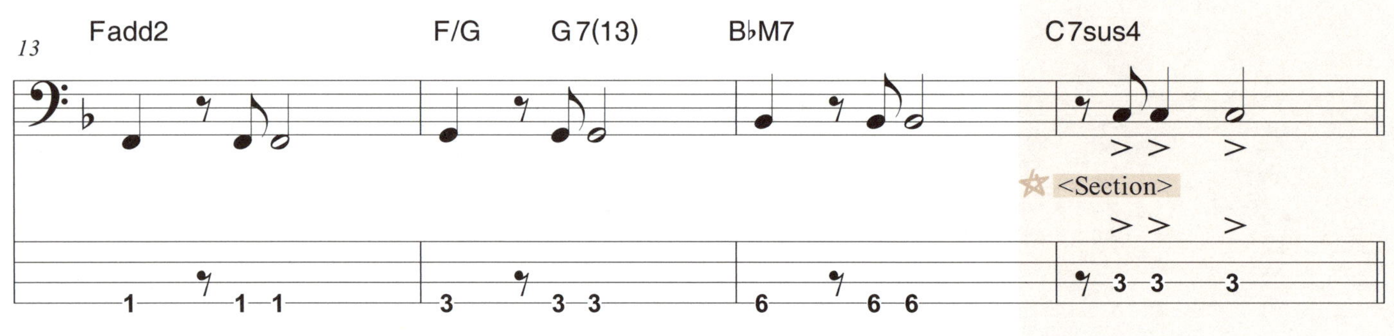

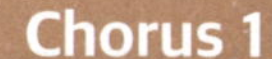

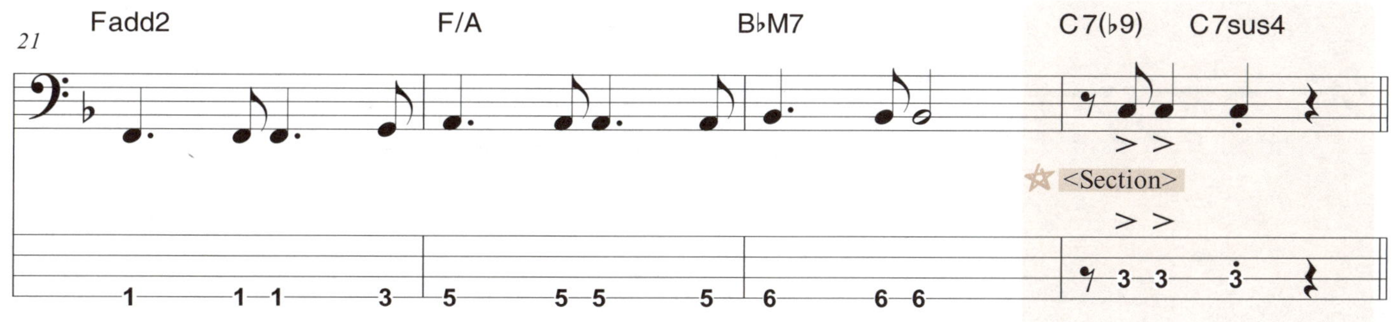

Interlude

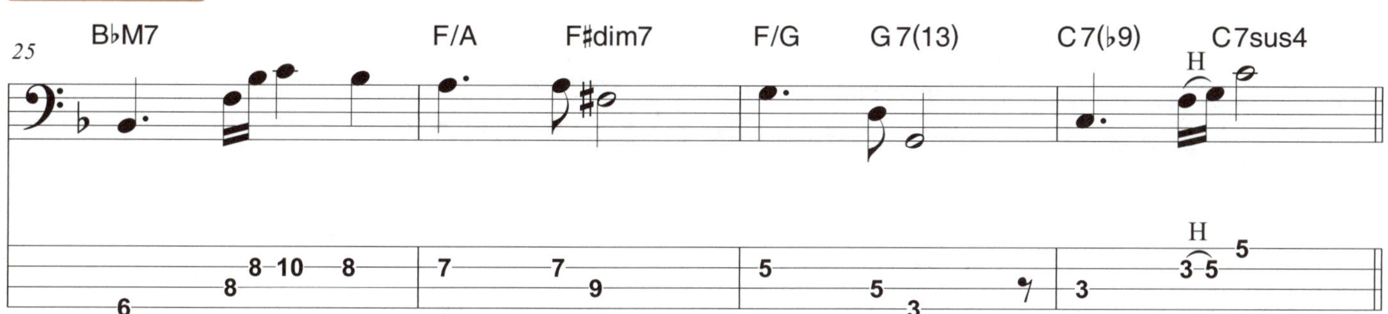

Verse 2

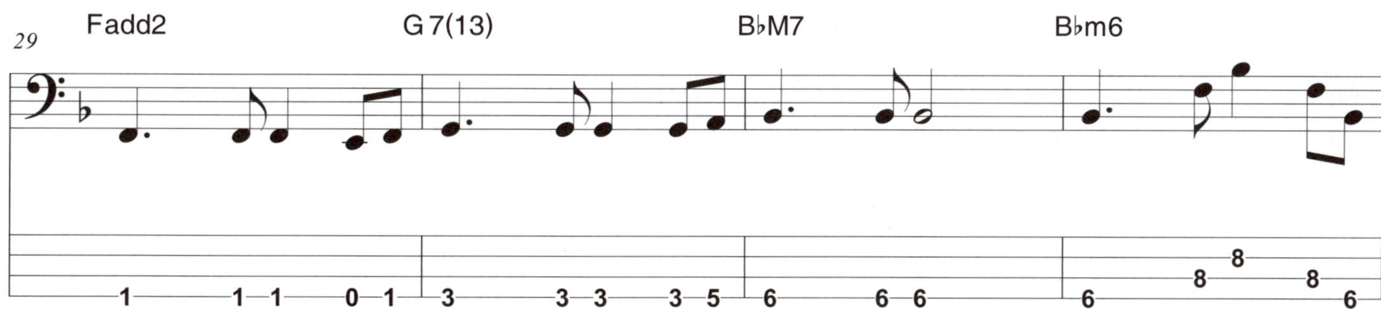

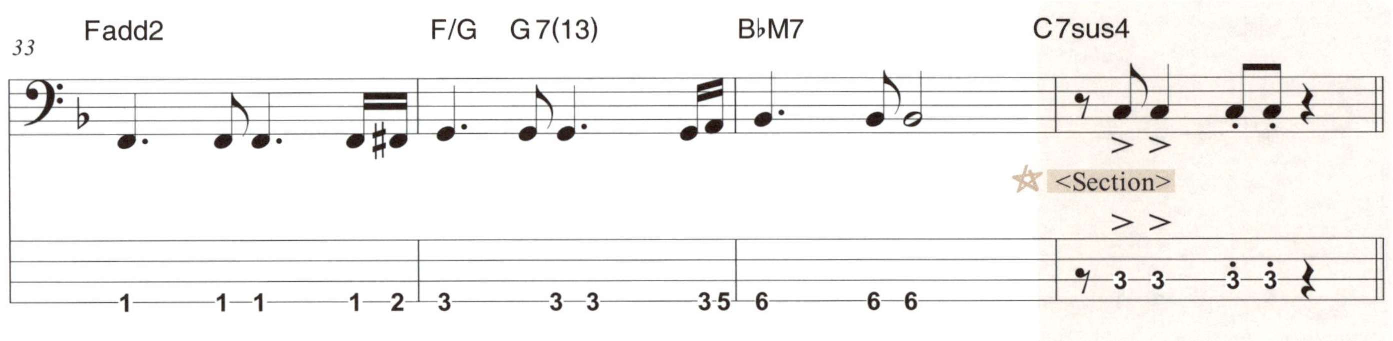

Chorus 2

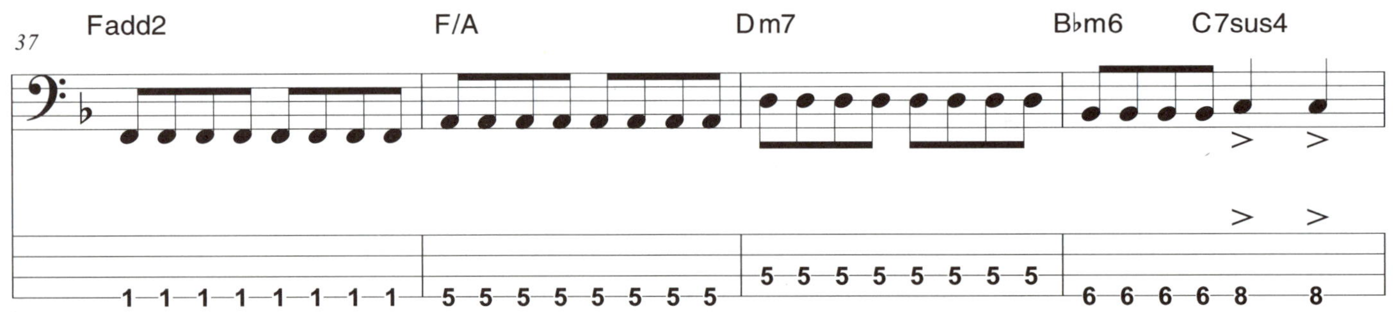

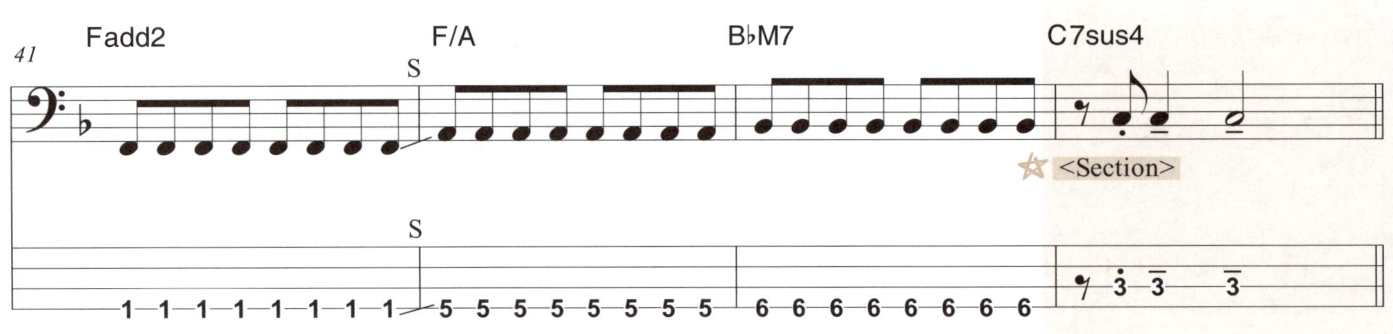

Ending

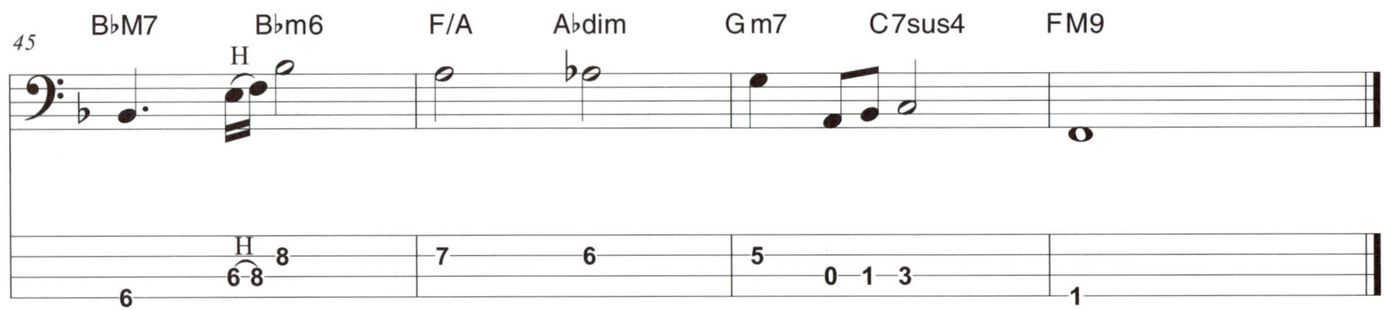

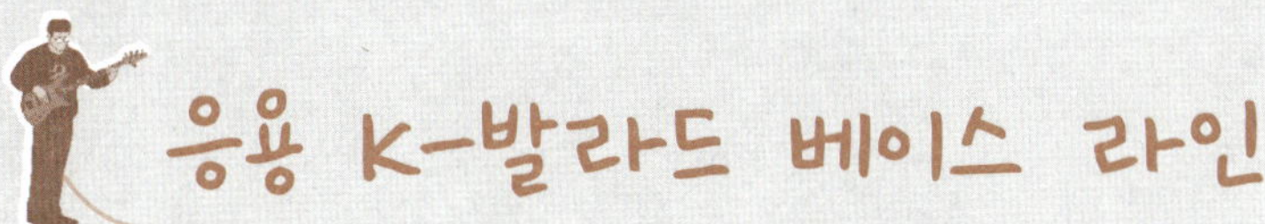

K-Ballad in F

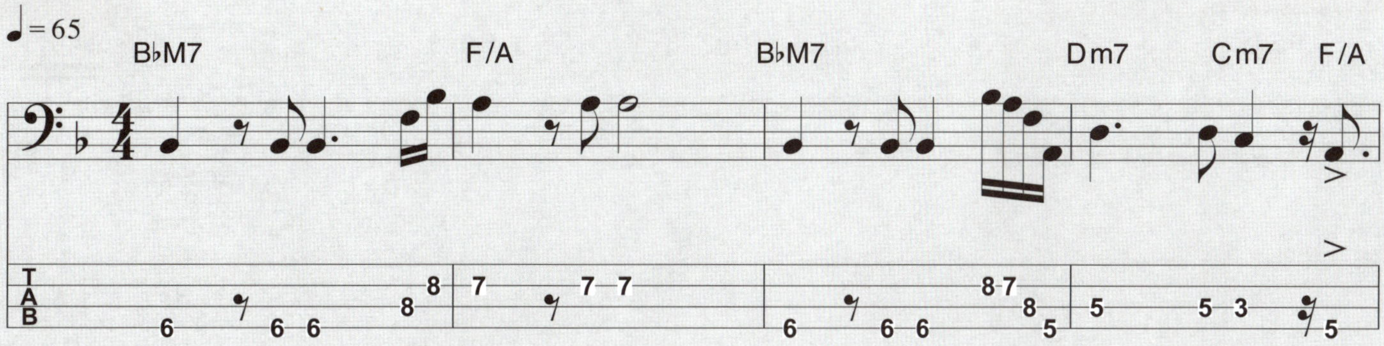

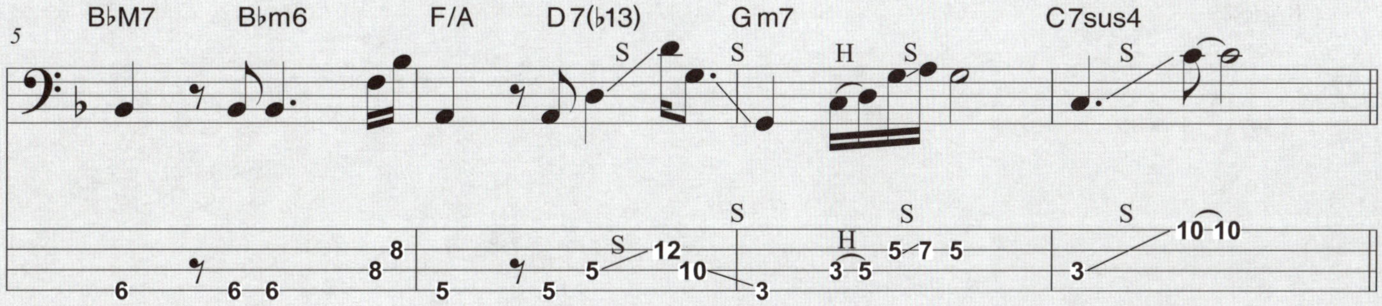

Chorus
Fadd2   F/A   Dm7   B♭m6   C7sus4
Fadd2   F/A   B♭M7   C7sus4
☆ <Section>
Interlude
B♭M7   F/A   F#dim   F/G   G7(13)   C7sus4
Ending
B♭M7   B♭m6   F/A   A♭dim   Gm7   C7sus4   FM9

Funk in G

펑크 리듬이란?

펑크^{funk}는 1960년대 중반 음악가들이 소울, 재즈, 리듬 앤 블루스^{R&B}의 혼합을 통해 리드미컬하고 춤추기 쉬운 새로운 형태의 음악을 만들면서 흑인들 커뮤니티에서 유래한 음악 장르입니다. 펑크는 멜로디와 화음의 진보를 강조하고 베이스 연주자가 연주하는 베이스 라인과 드러머가 연주하는 리듬감 있는 그루브가 돋보입니다. 기타와 건반 악기들은 7음과 13음이 추가된 마이너 코드, 또는 9음과 13음이 있는 도미넌트7 코드와 같이 비밥 재즈에서 발견되는 풍부한 색상의 확장 코드를 사용하기도 합니다. 1960년대 중반 제임스 브라운^{James Brown}이 모든 척도의 첫 박자를 크게 강조하여 다운 비트를 강조하는 시그니처 그루브를 개발하였고, 모든 베이스 라인, 드럼 패턴, 기타 리프에 스윙 16분음표의 음과 싱코페이션을 적용하였으며, 네오 소울, 애시드 재즈 등 리드미컬한 장르에 많은 영향을 주었다고 할 수 있습니다.

기본적인 펑크 베이스 패턴

파트별 베이스 라인 팁 (*펑크 리듬은 드러머와 함께 연주하세요) Song Form Tip

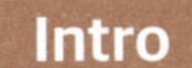

전주(Intro) 드럼 연주자의 베이스 드럼 킥에 맞춰서 리듬을 연주하고, 8마디 섹션을 잘 지켜 연주합니다.

Intro

벌스 1(Verse 1) 전주와 다르게 드러머와 함께 2마디 패턴으로 연주하며, 16마디 섹션을 유의하여 연주합니다.

Verse 1

20마디에 3박자와 4박자, 4분음표를 기타, 키보드 함께 맞추고, 24마디 섹션을 잘 지켜 연주합니다.

Chorus 1

간주에서는 하이 프렛으로 이동하기 때문에 왼손 손가락의 이동할 때 음이 끊기지 않고 연결되어야 하며 28마디 섹션을 유의해서 연주합니다.

Interlude

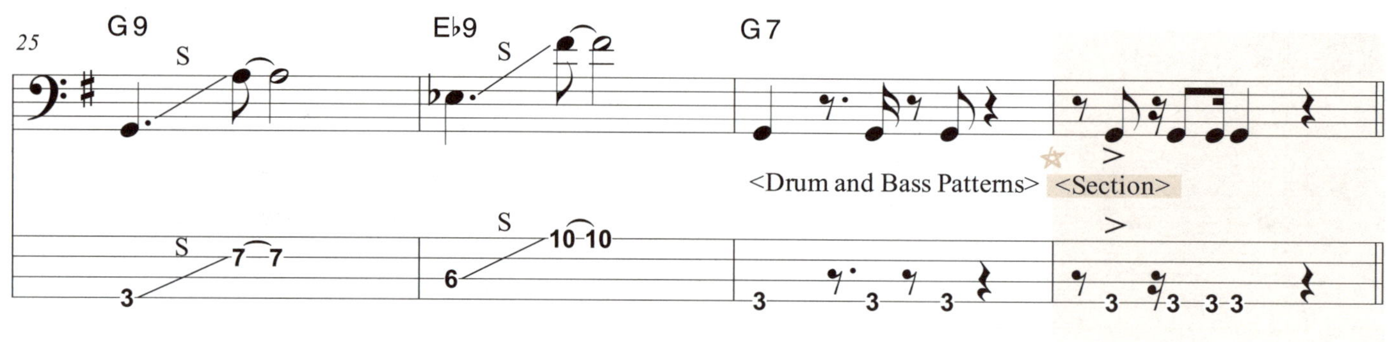

 Verse 1과 비교했을 때 마디의 마지막 박자에 있는 16분음표를 유의하여 부드럽게 연주합니다.

Verse 2

코러스 2(Chorus 2) 이 부분에서 새롭게 나오는 연주는 44마디 섹션 후, 마지막 박자 F코드 다운 슬라이딩 길이는 4분음표입니다.

Chorus 2

연주 마지막은 간단하게 패턴을 유지하다가 48마디에서 기타, 드럼, 키보드 모두 같은 리듬으로 연주합니다.

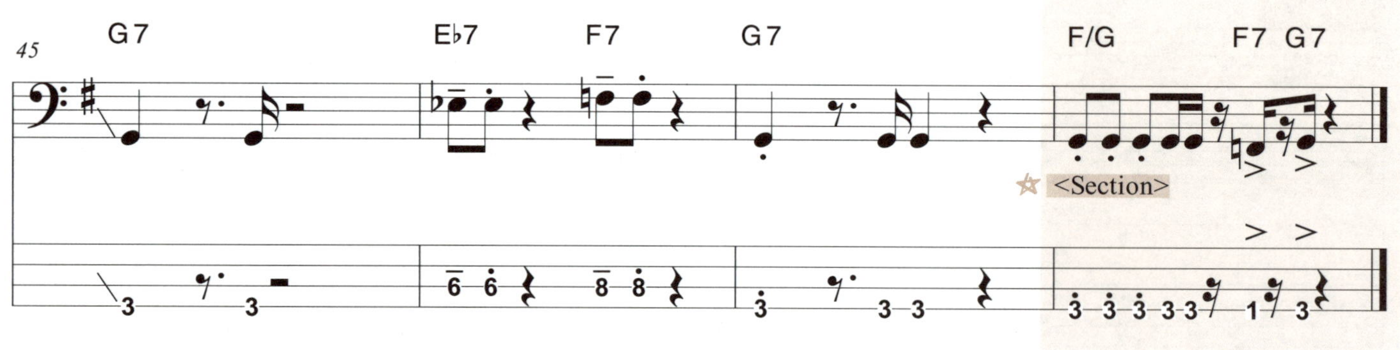

예제곡에서 사용되는 음계

Scale

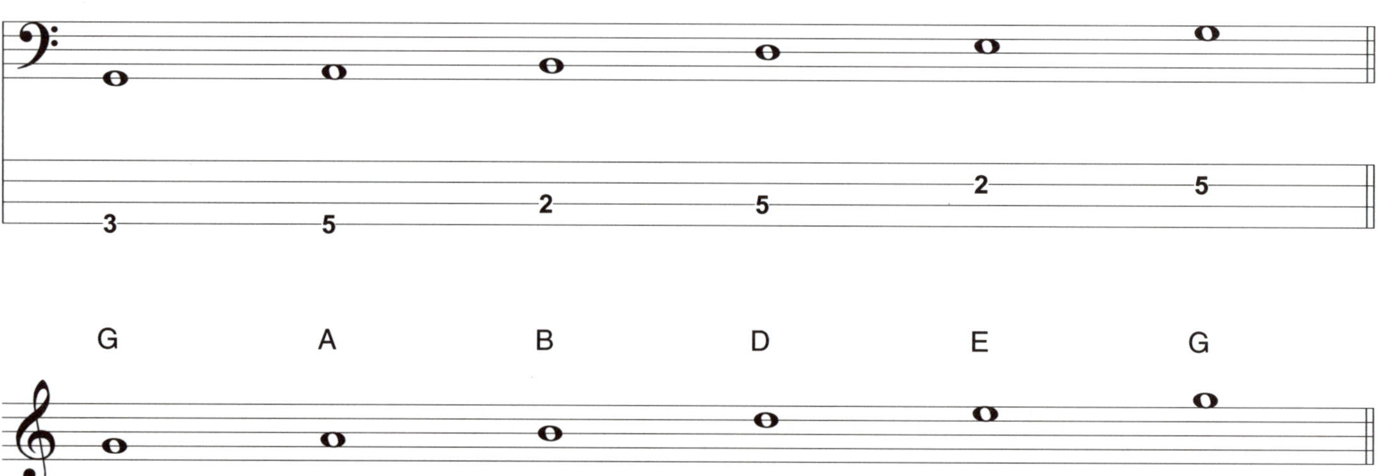

드럼과 함께 연주하기

Intro

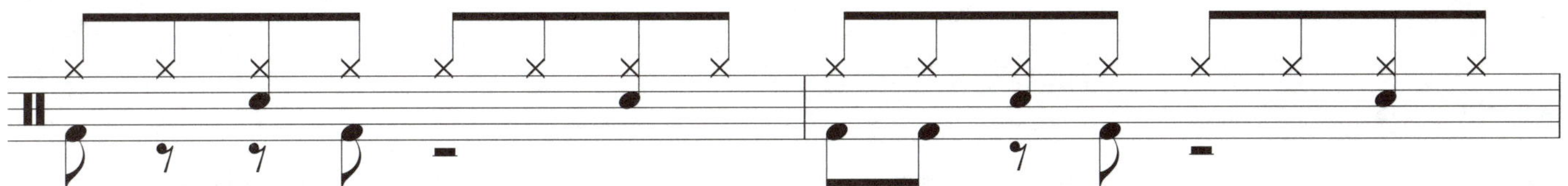

Verse 1　**Verse 2**

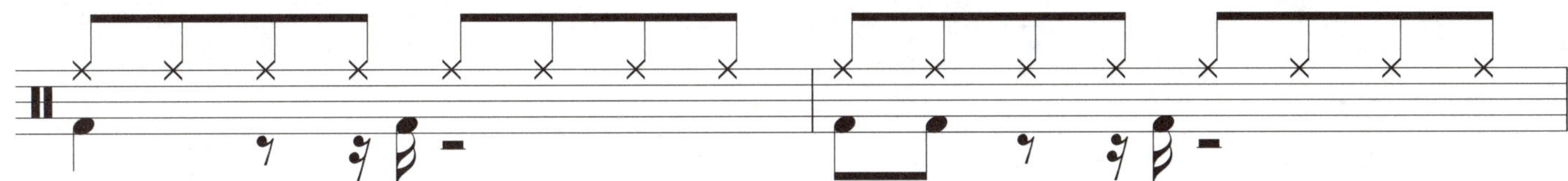

Chorus 1　**Chorus 2**

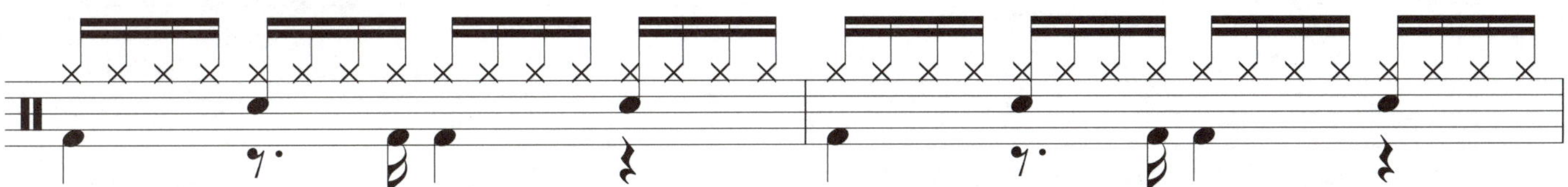

Interlude

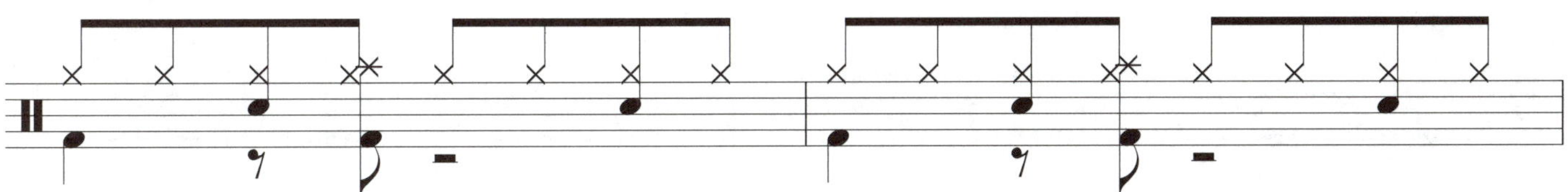

Ending

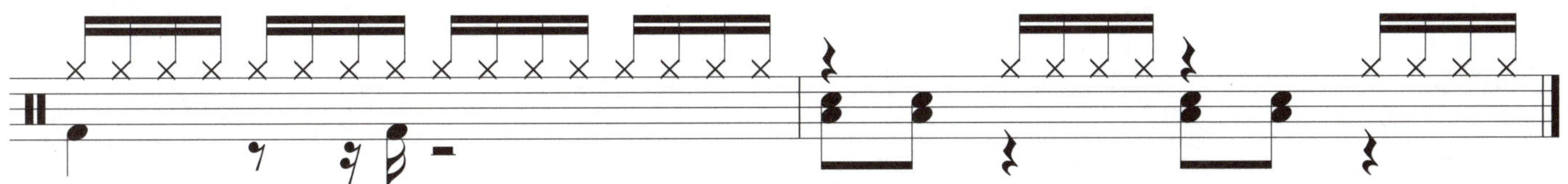

Basic Funk in G

♩ = 104　G7

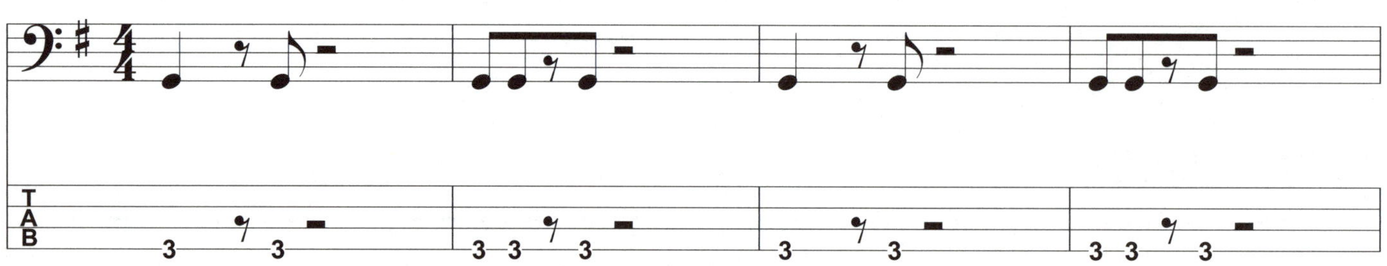

G7　　Eb7　　F7　　G7　　F7

G7　　Bb7　　C7　　G7

Em7　　Eb7　　G7　　F　G

Chorus 1

Interlude

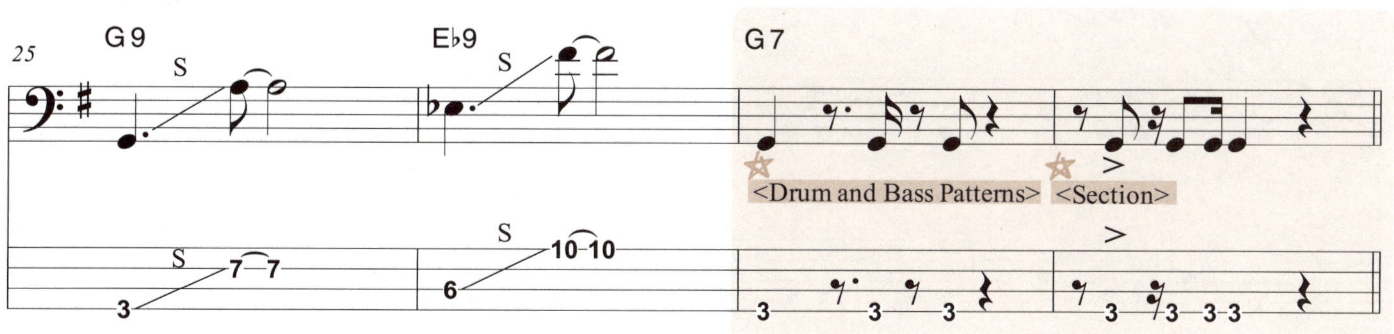

Verse 2

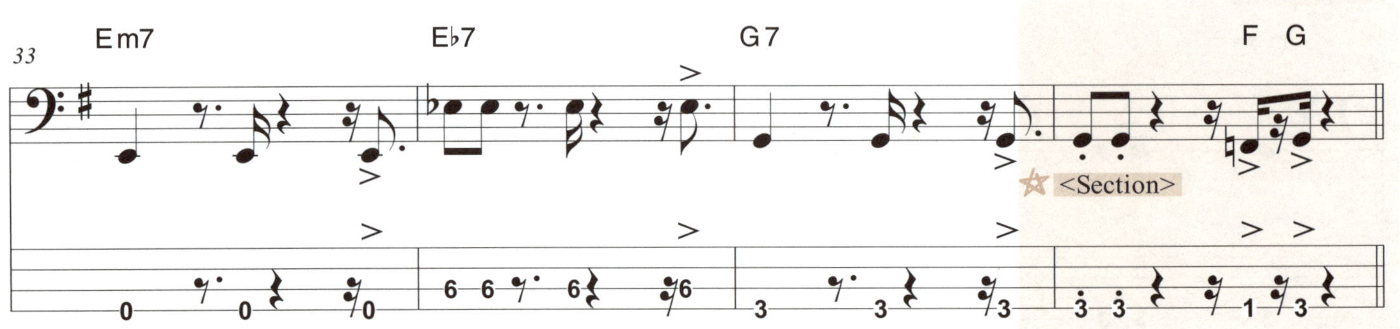

Chorus 2

Ending

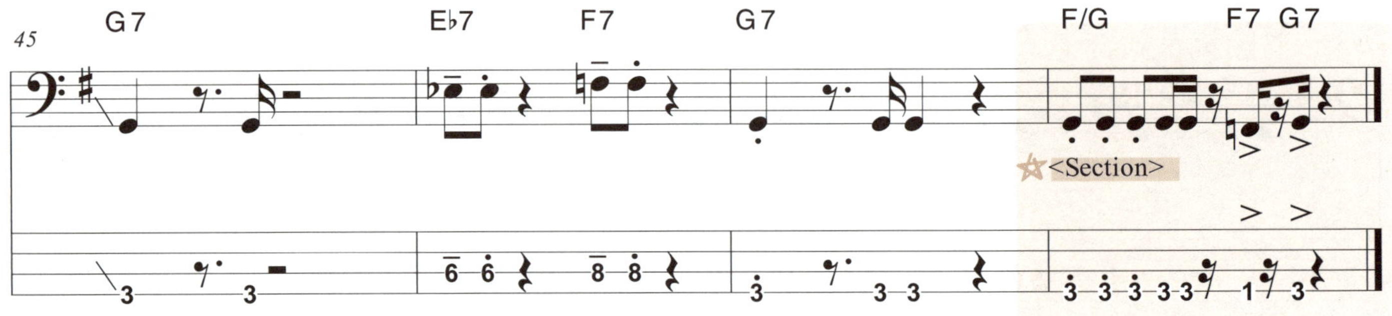

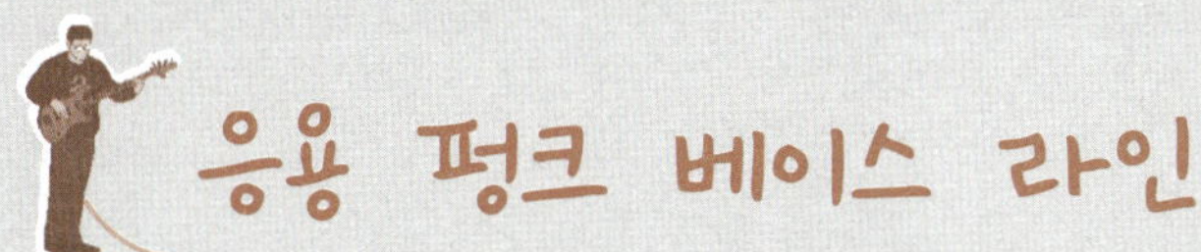

Funk in G

Intro

Verse 1

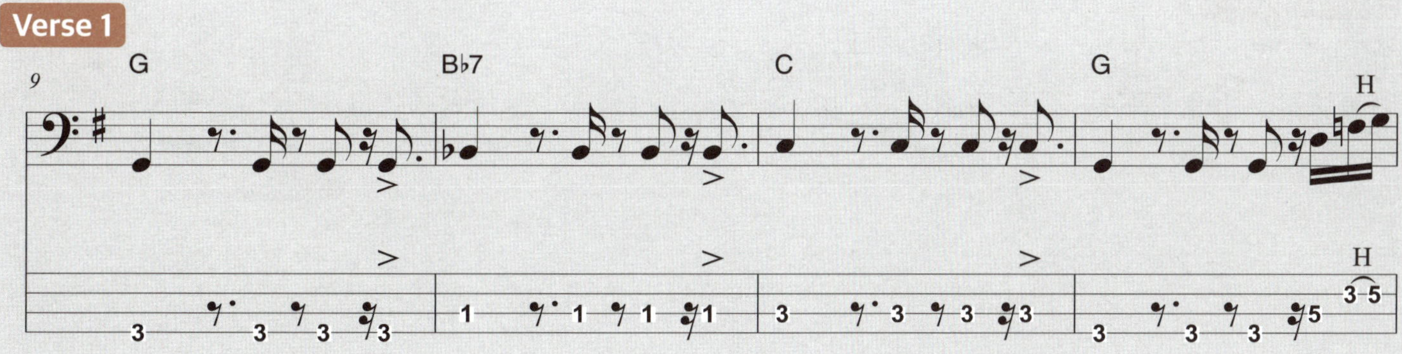

Interlude

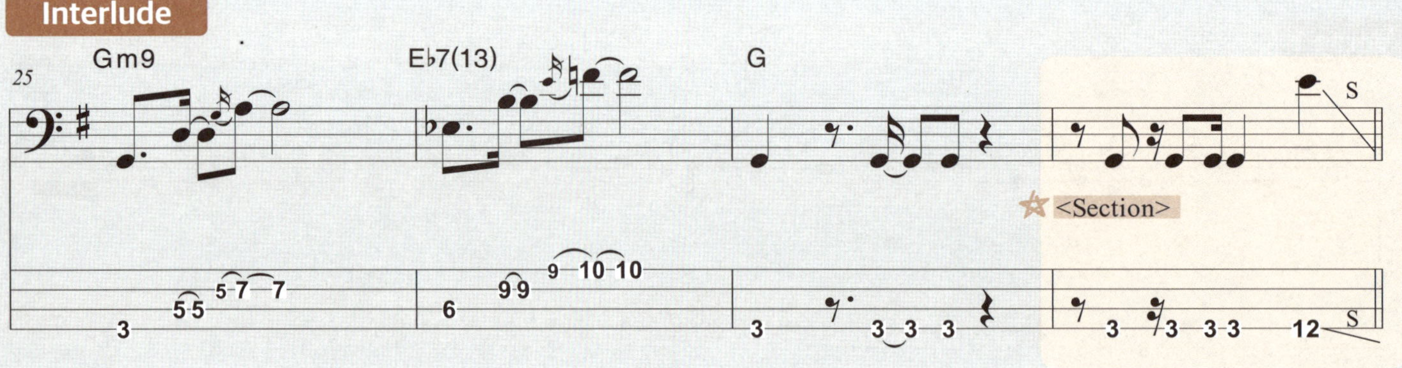

Verse 2

Chorus 2

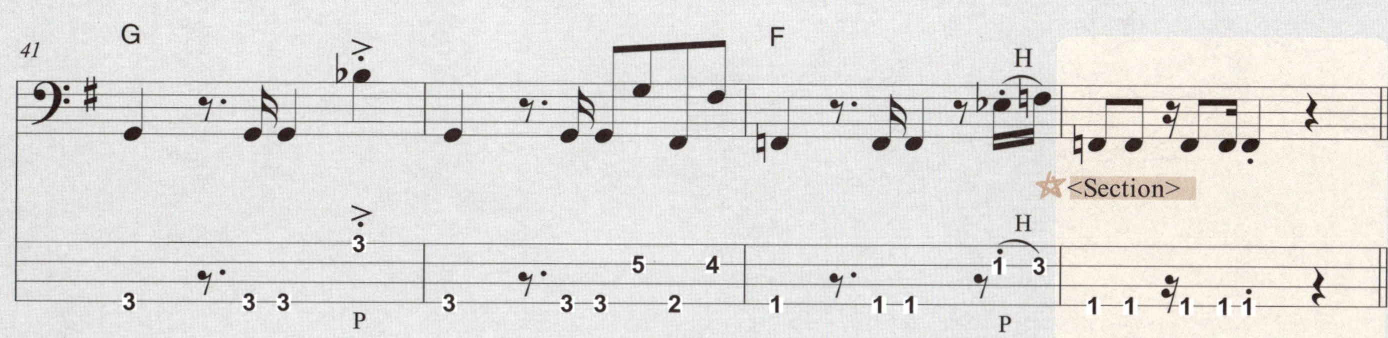

Ending

Song
4

$\frac{6}{8}$ **in A**

6/8박자에는 한 마디에 6개의 8분음표가 있으며, 일반적으로 8분음표 3개로 구성된 두 그룹으로 나눌 수 있습니다. 여섯 개의 박이 강 약 약 / 중강 약 약으로 이루어졌으며, 한 마디 안에 강조되는 박이 두 개 있는데 강박과 중강박으로 2/4박자에 더 가깝다고 할 수 있습니다.

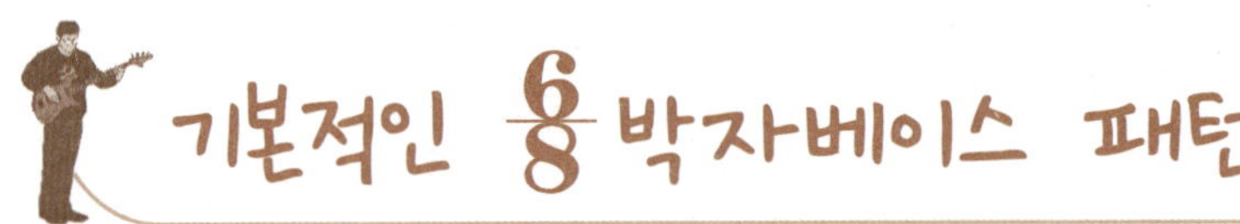

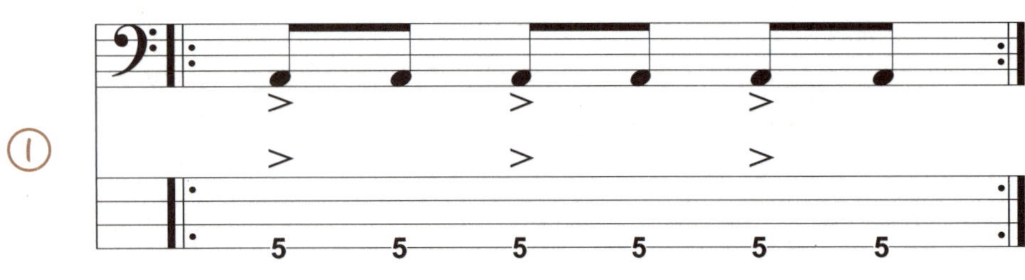

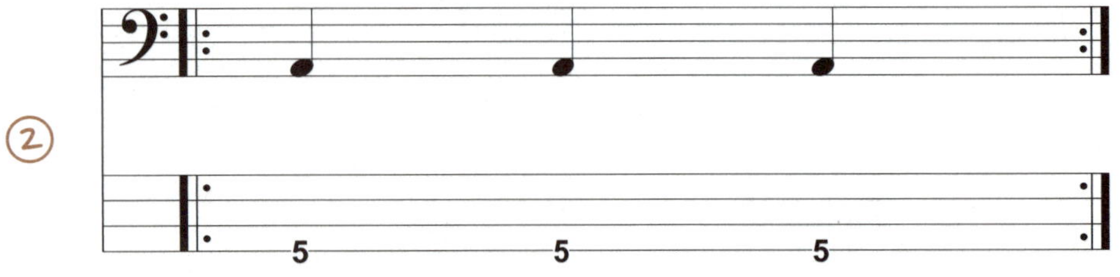

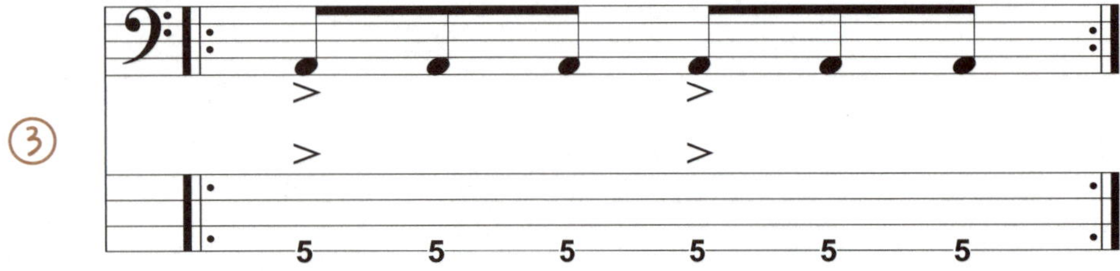

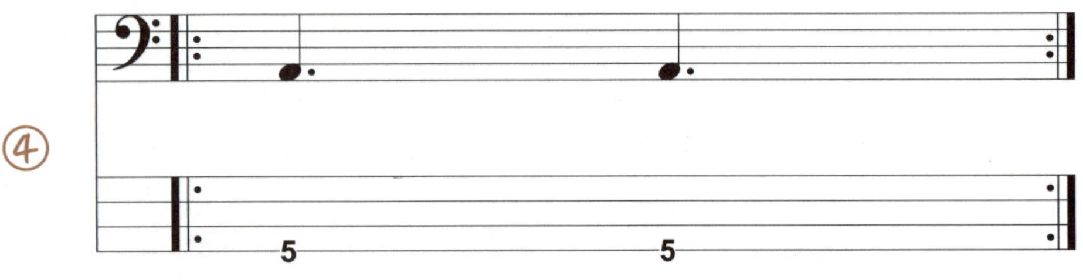

파트별 베이스 라인 팁

전주(Intro) 마디와 마디 사이 음이 끊어지지 않게 길이를 유지하면서 연주하는 것이 중요합니다.

Intro

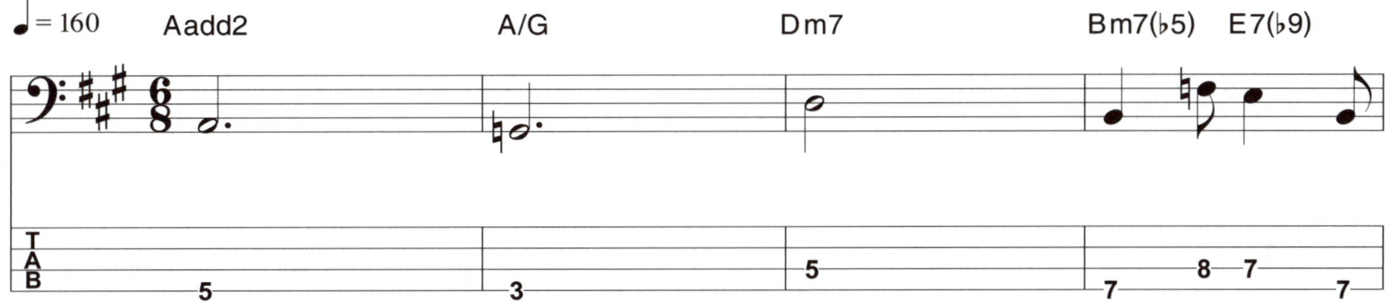

벌스 1(Verse 1) 4마디는 온음표지만 5마디부터 리듬 체인지가 나오기 때문에 유의하여 연주합니다.

Verse 1

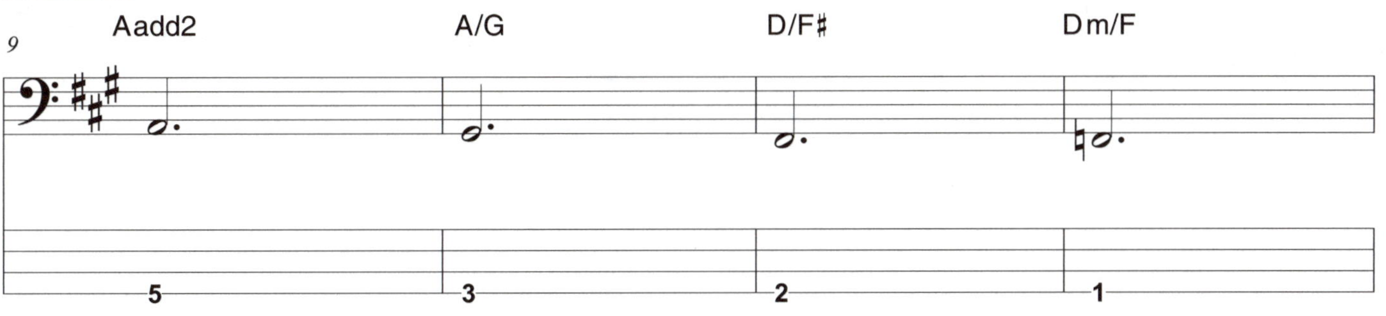

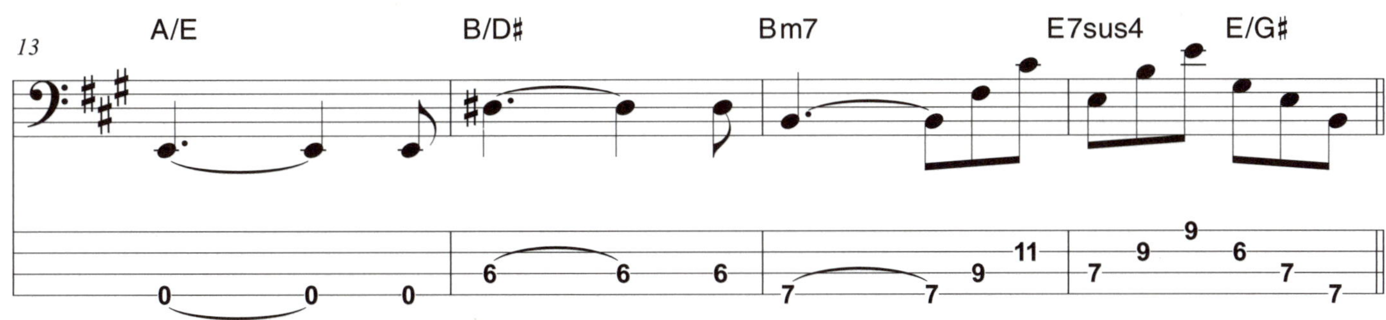

코러스 1(Chorus 1) 연주의 긴장감을 주기 위해 Verse보다 더 많은 리듬을 만들었습니다.

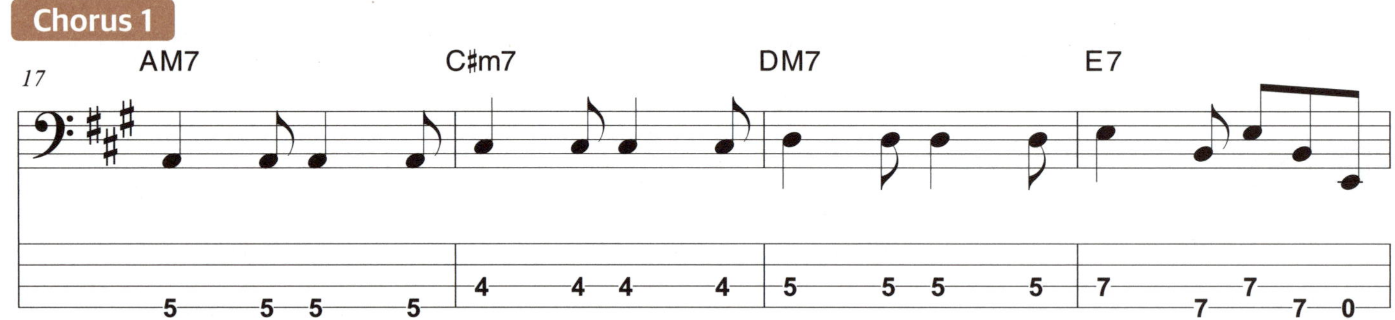

Chorus 1
17 AM7   C#m7   DM7   E7

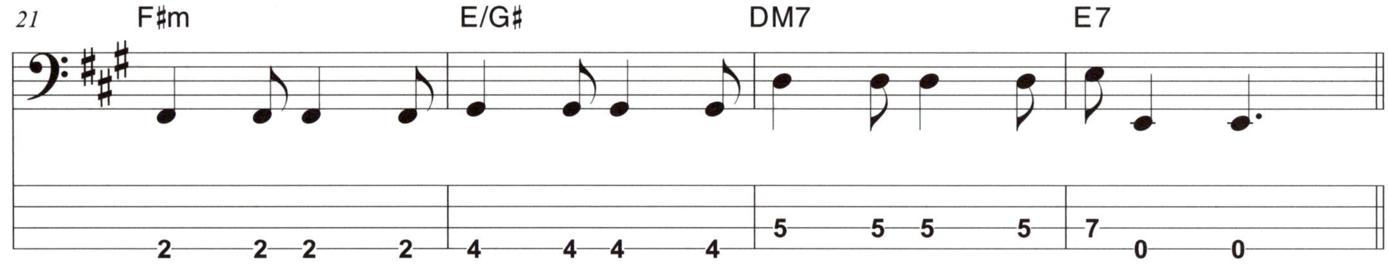

21 F#m   E/G#   DM7   E7

간주(Interlude) 마디 사이마다 있는 슬라이드를 자연스럽게 연결되도록 연주합니다.

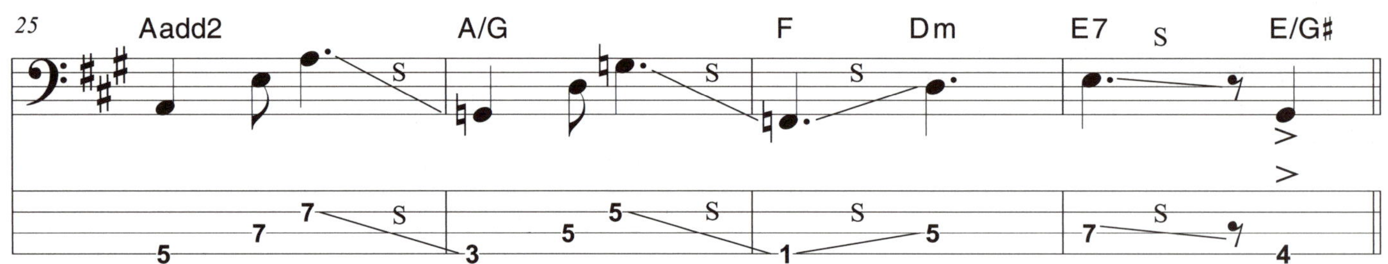

Interlude
25 Aadd2   A/G   F   Dm   E7   S   E/G#

벌스 1보다 리듬을 더 많이 사용했습니다. 곡 전체가 한번 끝나면 리듬에 변화를 주어 베이스 연주 패턴을 다양하게 만들었습니다.

Verse 2

3연음을 균형감 있게 연주합니다.

Chorus 2

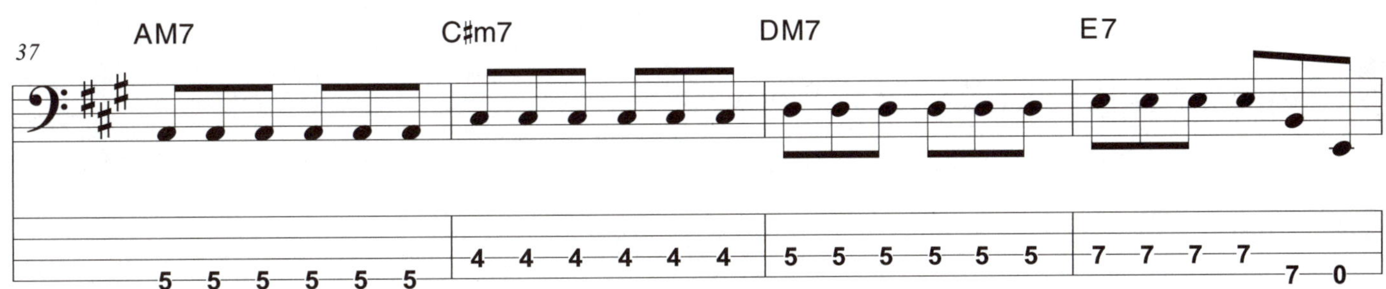

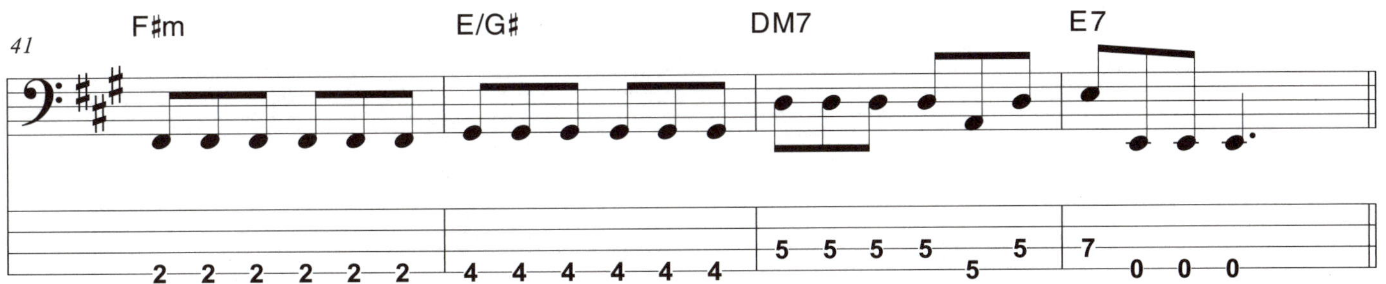

하이 음역대 코드 진행을 유의하여 연주하고, 슬라이드와 레가토를 신경써서 연주합니다. 엔딩은 마지막을 장식하기 때문에 최대한 부드럽게 마무리합니다.

Ending

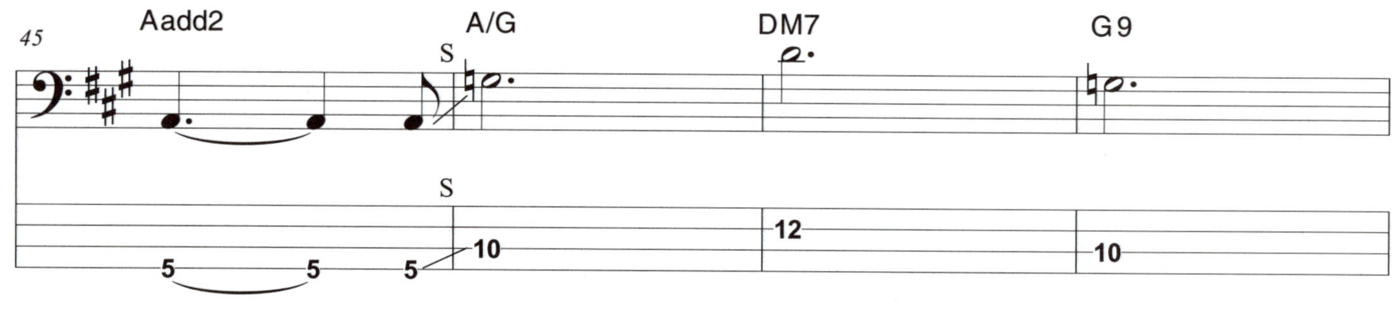

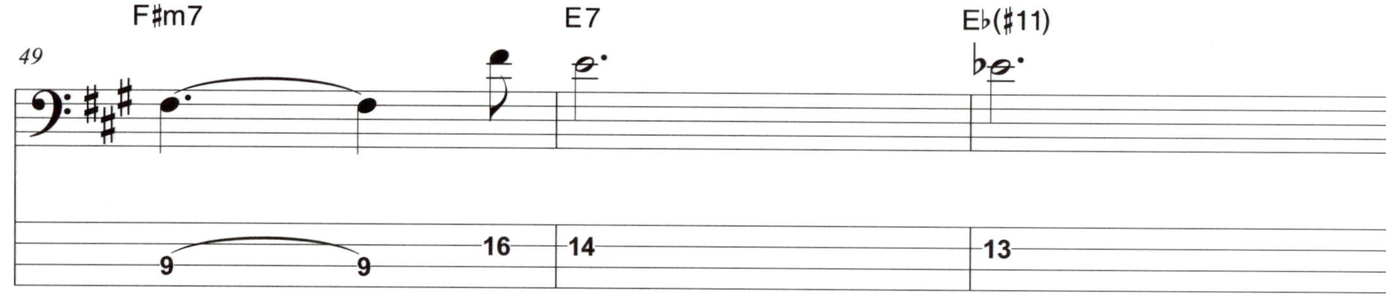

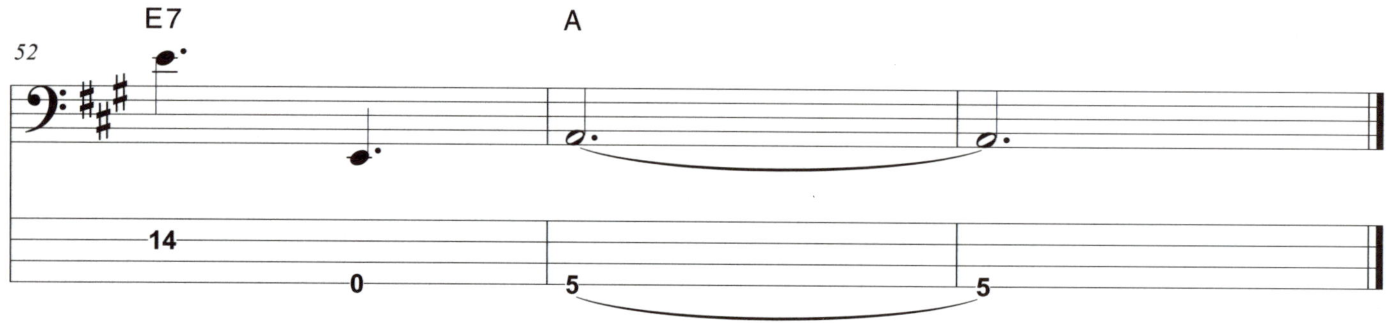

예제곡에서 사용되는 음계

Scale

A 메이저 스케일

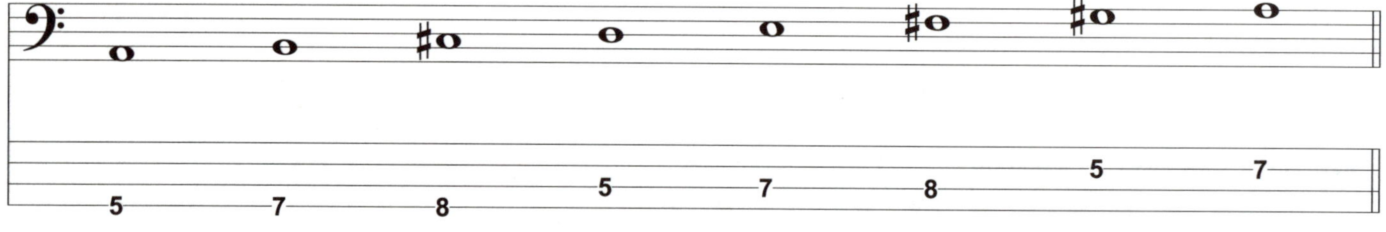

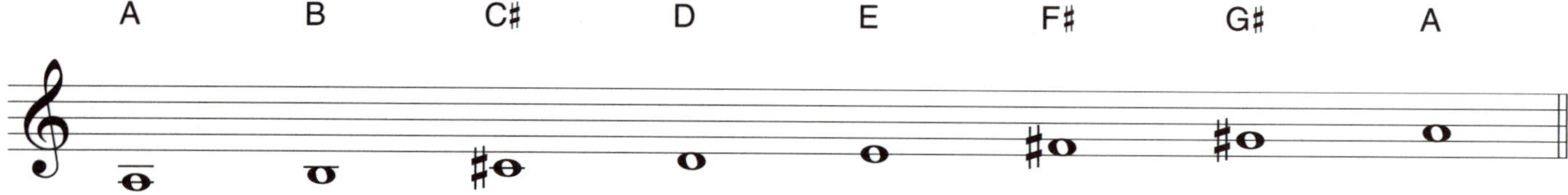

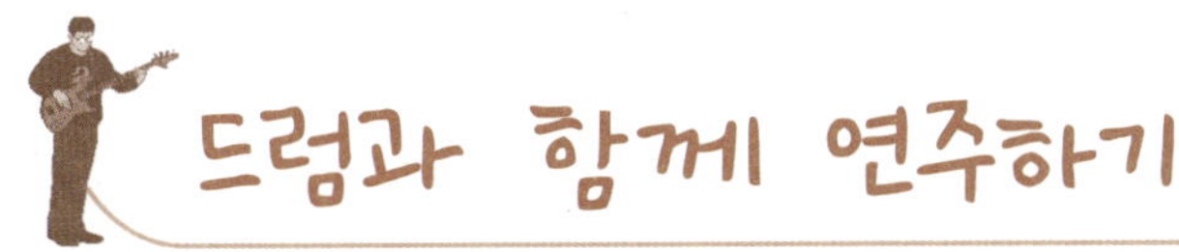

드럼과 함께 연주하기

Intro

Verse 1 **Verse 2**

Chorus 1 **Chorus 2**

Ending

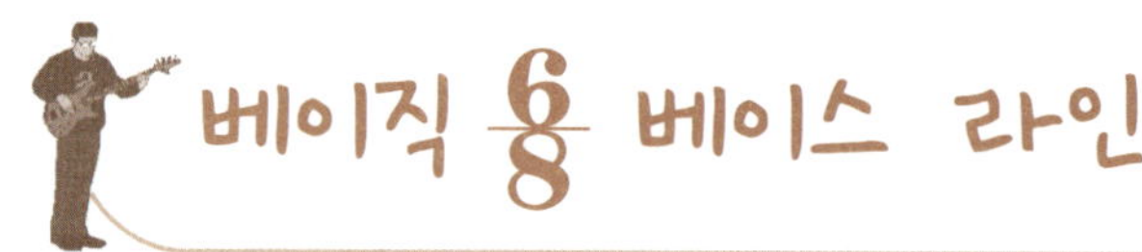

베이직 8분의 6 베이스 라인

Basic 6/8 in A

Intro

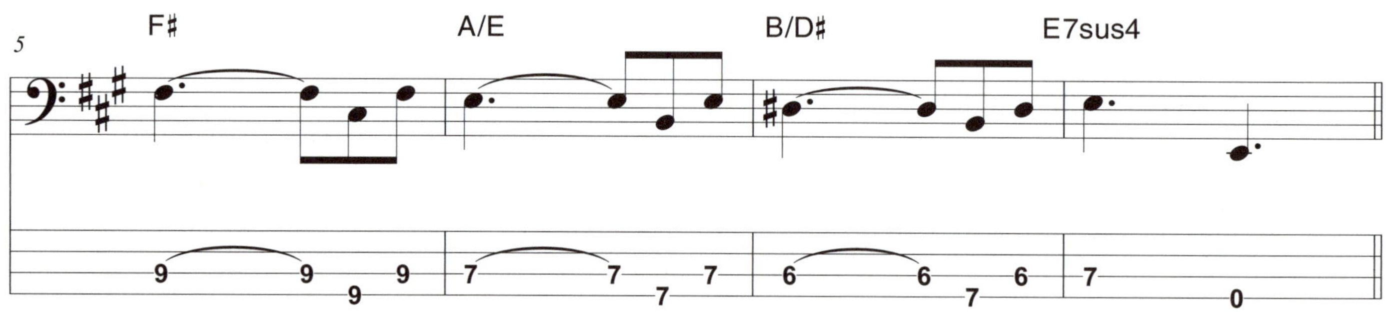

Verse 1

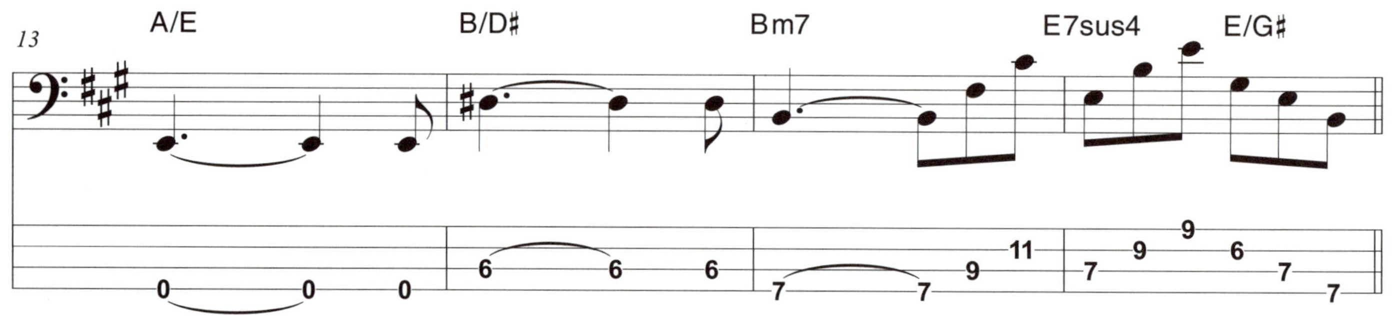

Chorus 1
17
AM7
C#m7
DM7
E7
21
F#m
E/G#
DM7
E7
Interlude
25
Aadd2
A/G
F
Dm
E7
E/G#
Verse 2
29
Aadd2
A/G
D/F#
Dm/F
33
A/E
B/D#
Bm7
E7sus4
E/G#

Chorus 2
37 AM7   C#m7   DM7   E7
41 F#m   E/G#   DM7   E7
Ending
45 Aadd2   A/G   DM7   G 9
49 F#m7   E7   Eb(#11)
52 E7   A

6/8 in A

Intro
♩ = 80
Aadd2
A/G
Dm
Bm7(♭5)
모범 연주
MR
TAB
H
H
H
H
H

F#m7
A/E
B/D#
E7
H
S
H
S
H

Verse 1
Aadd2
A/G
D/F#
Dm/F

A/E
B/D#
Bm7
E7
H
S
H
H
H
S
H

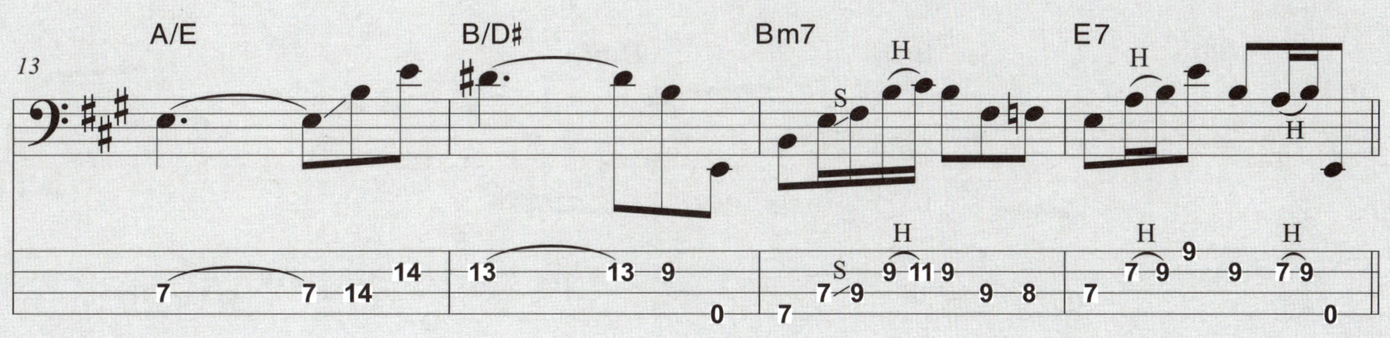

Chorus 1
AM7
C#m7
DM7
E7
F#m
E/G#
DM7
E7sus4
Interlude
Aadd2
A/G
F
Dm
E7sus4
E/G#
Verse 2
Aadd2
A/G
D/F#
Dm/F
A/E
B/D#
Bm7
E7

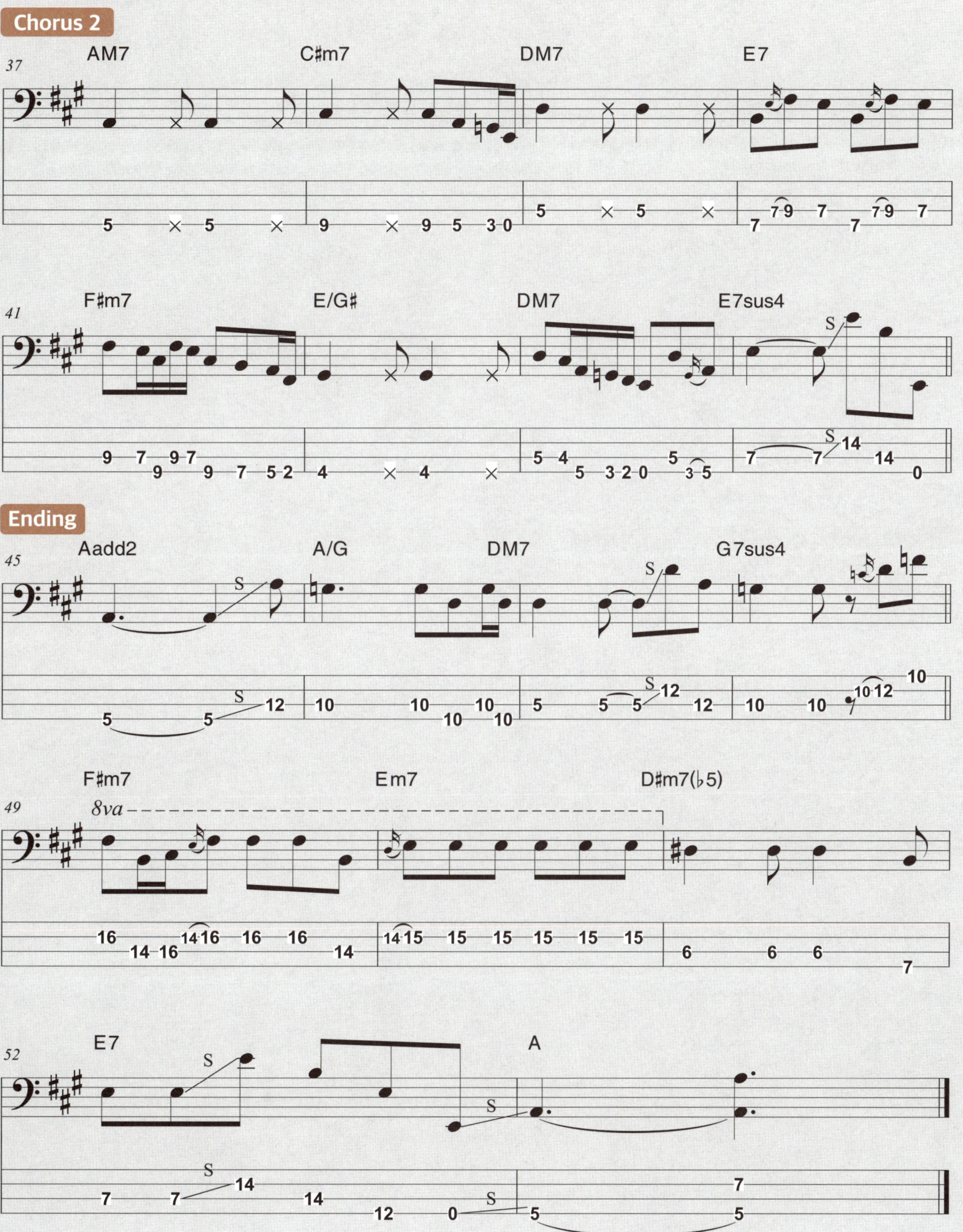

Chorus 2
AM7
C#m7
DM7
E7
F#m7
E/G#
DM7
E7sus4
Ending
Aadd2
A/G
DM7
G7sus4
F#m7
Em7
D#m7(♭5)
8va
E7
A

Shuffle in Cm

셔플 리듬이란?

Shuffle Rhythm

미국 남부에 거주하던 흑인들의 댄스 음악에 사용된 리듬 형태이며, 셔플 리듬은 특정한 8분음표 리듬감입니다. 각 비트를 완벽하게 반으로 나누는 것보다 비트의 세 부분 분할 3연음을 기반으로 합니다. 록, 블루스, 재즈에서 들을 수 있는 매우 친숙한 리듬이라고 할 수 있습니다. 셔플 8분음표는 긴 음표와 짧은 음표를 번갈아 사용하며, 긴 음표는 비트에, 짧은 음표는 오프 비트에 사용합니다. 기본적으로 8분음표 3중음을 연주하지만 3중음표의 중간 음은 연주하지 않습니다. 삼중항의 처음 두 음표가 서로 연결되어 있거나 삼중항의 중간 음표가 누락된 것으로 표현됩니다.

셔플 리듬에서는 베이스의 바운스와 그루브가 중요하며, 워킹 베이스 패턴을 만들어 가기도 합니다.

기본적인 셔플 베이스 패턴

Basic Shuffle Bass Pattern

① ②  ③  ④

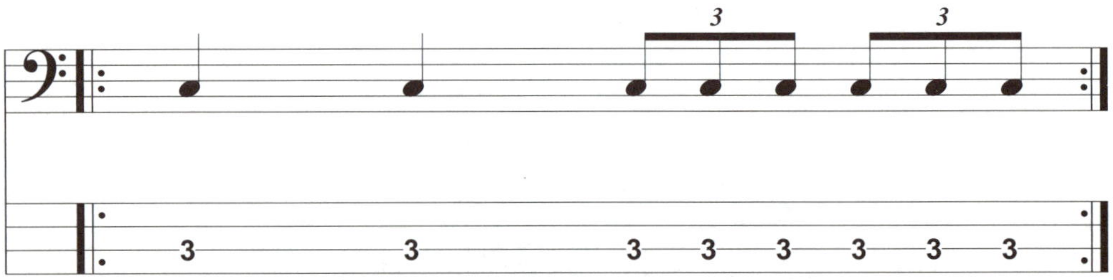

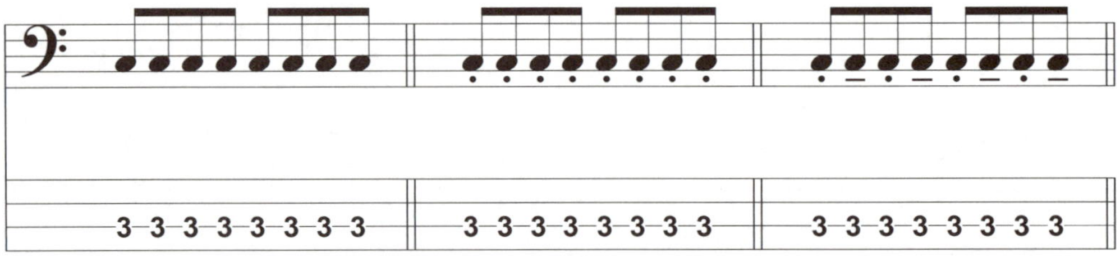

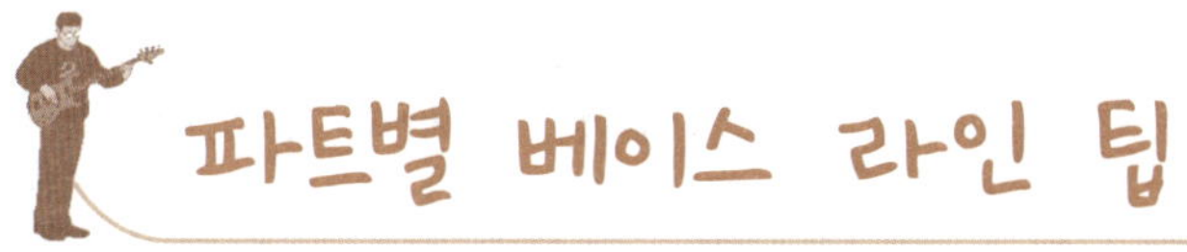

파트별 베이스 라인 팁

전주(Intro) 드럼 연주자와 함께 베이스 드럼을 맞추는 것이 중요합니다. 셔플 리듬을 형성해야 하기 때문에 베이스 연습 후 반드시 다른 악기와 맞춰서 연습합니다. 8마디에 섹션에 유의하여 연주합니다.

Intro

벌스 1(Verse 1) 스타카토와 레가토 표기에 따라 음 길이를 잘 지키고, 15~16마디 섹션을 잘 지켜 연주합니다.

Verse 1

 리듬감 있게 연주합니다. 20마디 당김음을 잘 지키고, 24마디 섹션도 잘 지켜 연
주합니다.

Chorus 1

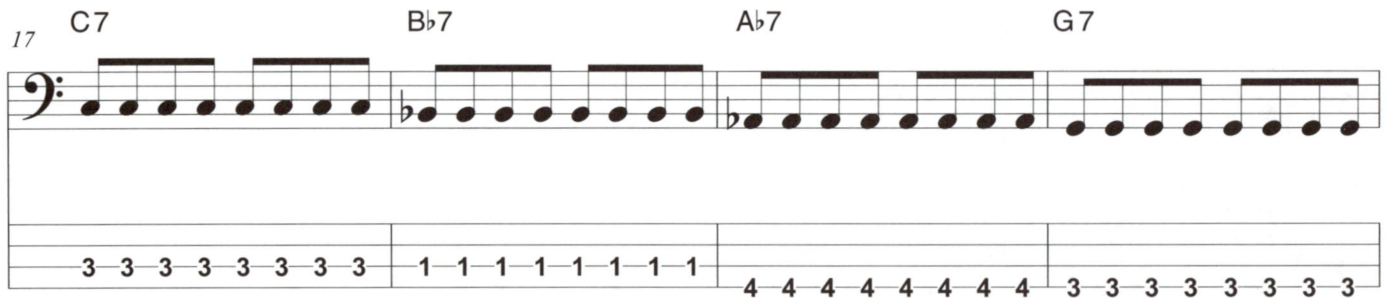

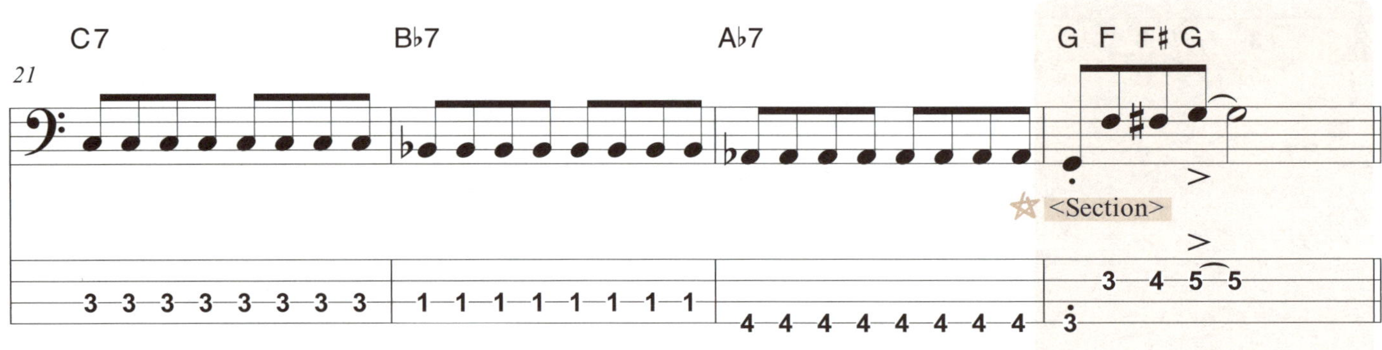

 간주 4마디는 전부 리듬 섹션으로 기타, 드럼, 키보드 등 다른 악기들과 함께 연주
합니다.

Interlude

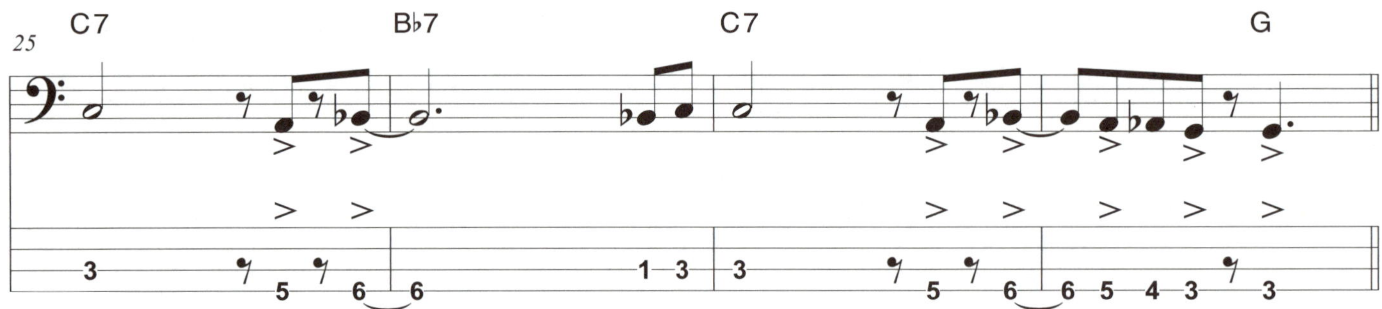

코드에 7음을 추가한 것이 중요한 점이라고 할 수 있습니다. 리듬감 있게 연주하면서 35~36마디 섹션을 잘 지켜 연주합니다.

Verse 2

콤비네이션 리듬으로 만들었으며 2연음, 3연음을 안정적으로 연주하면서 44마디 섹션을 유의하여 연주합니다.

Chorus 2

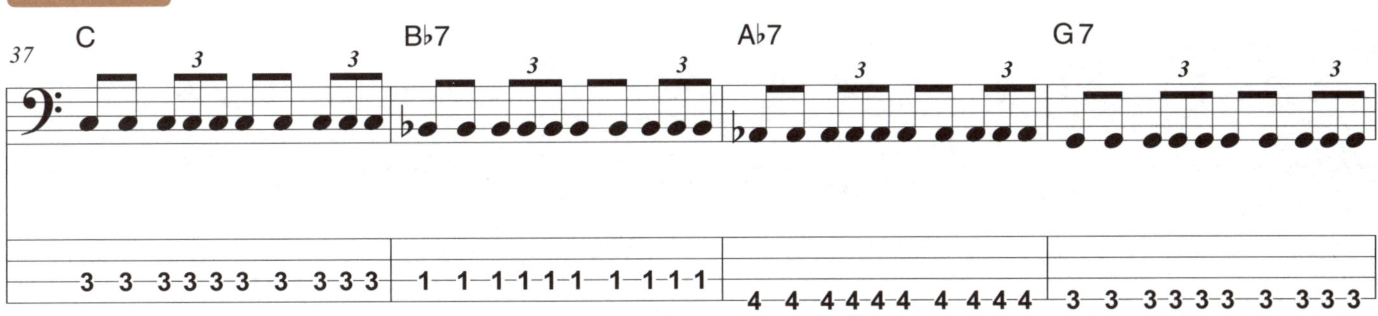

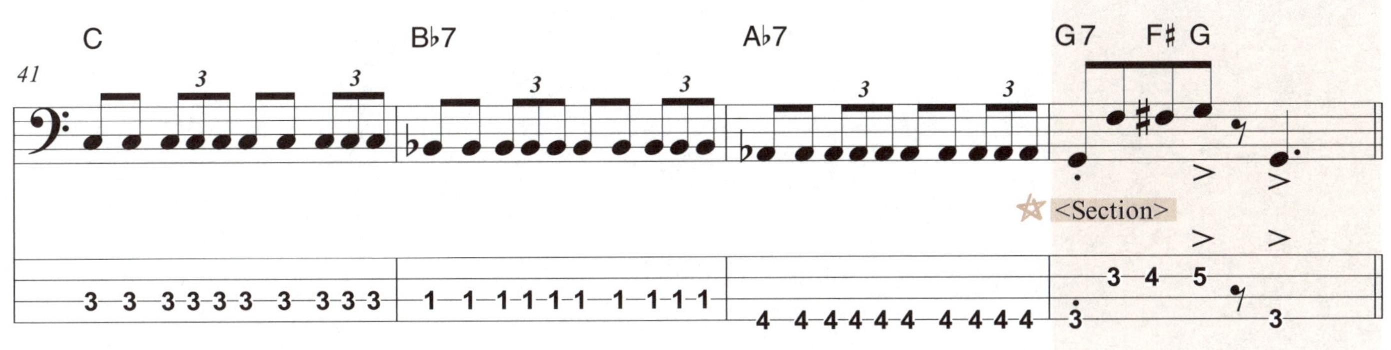

기타, 베이스, 키보드, 드럼 모두 같이 리듬에 맞춰 연주합니다.

예제곡에서 사용되는 음계

Scale

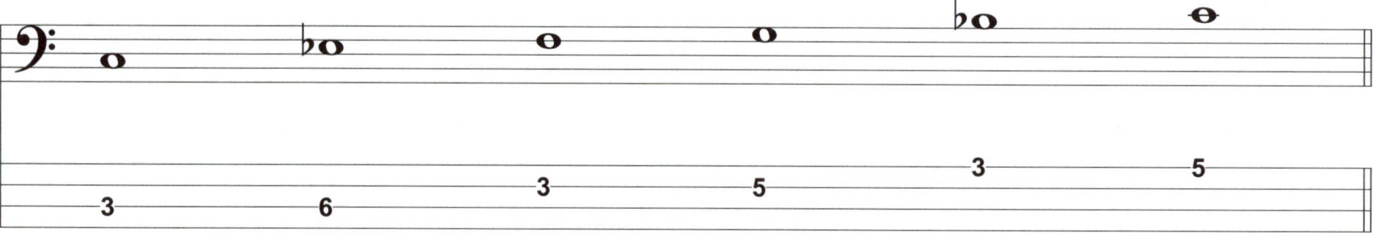

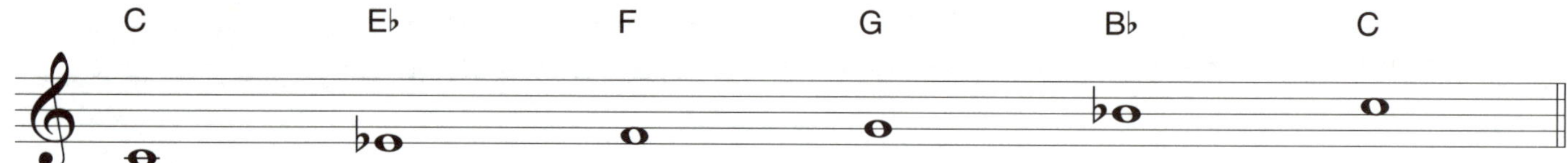

드럼과 함께 연주하기

Intro

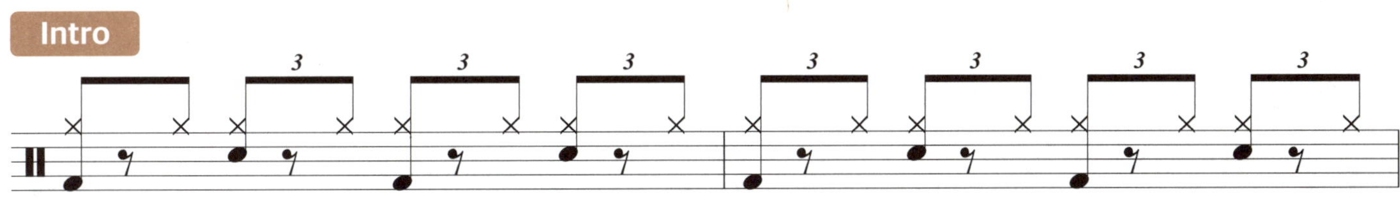

Verse 1　**Verse 2**

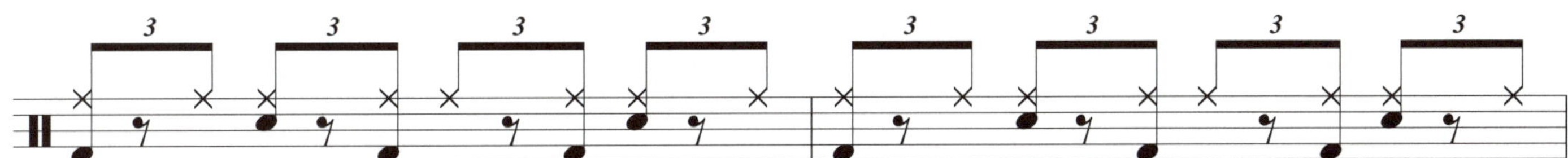

Chorus 1　**Chorus 2**

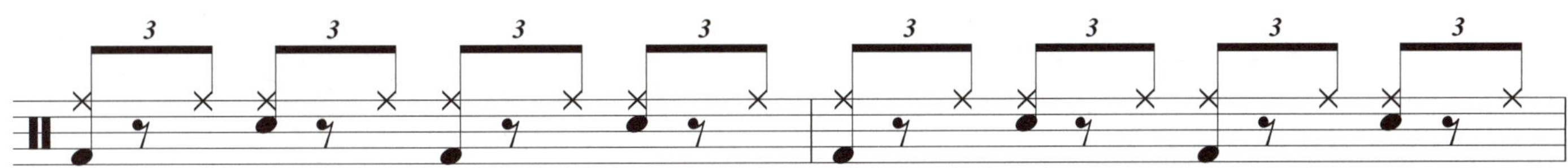

Ending

Basic Shuffle in C

Intro

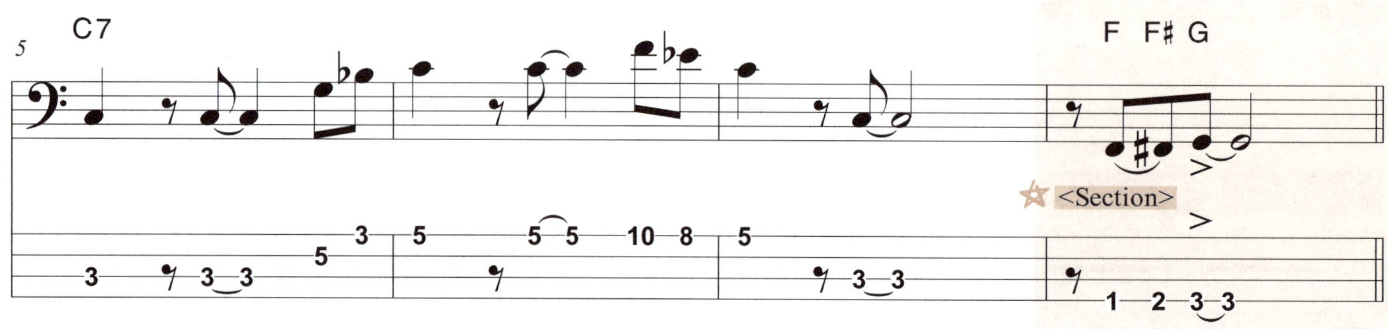

Verse 1

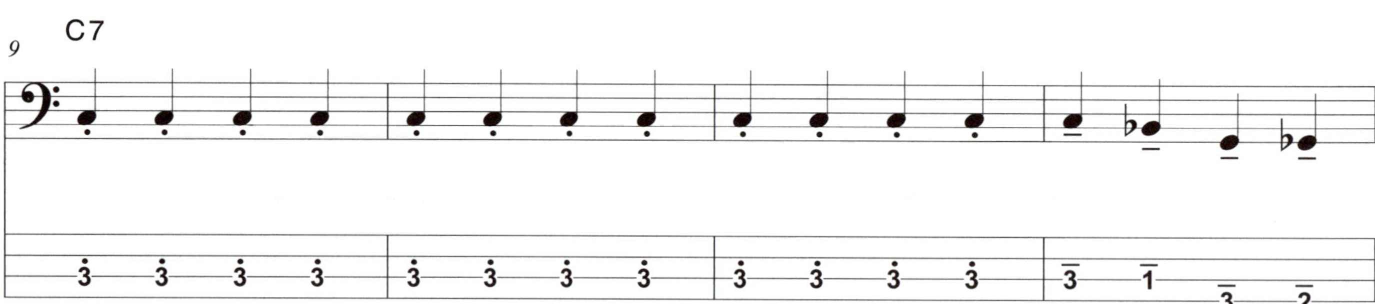

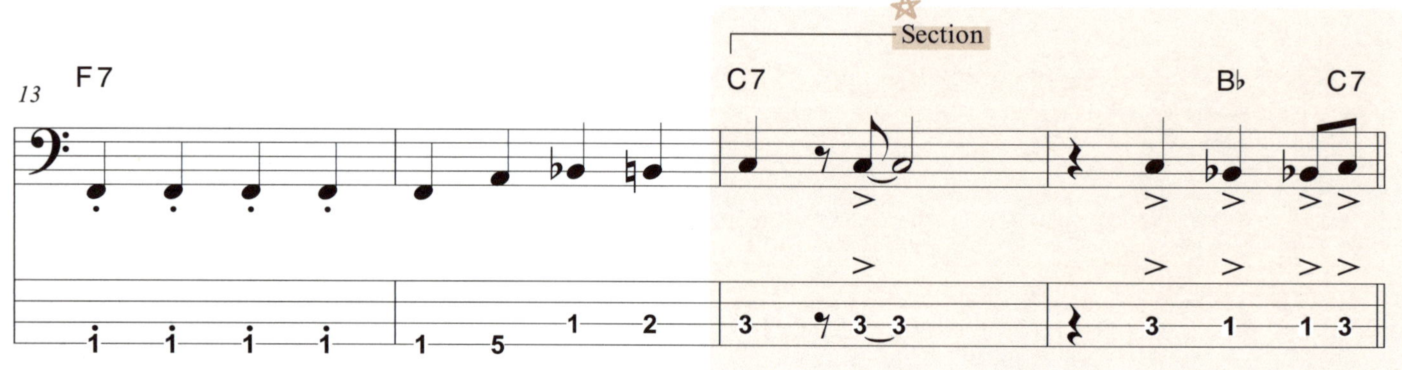

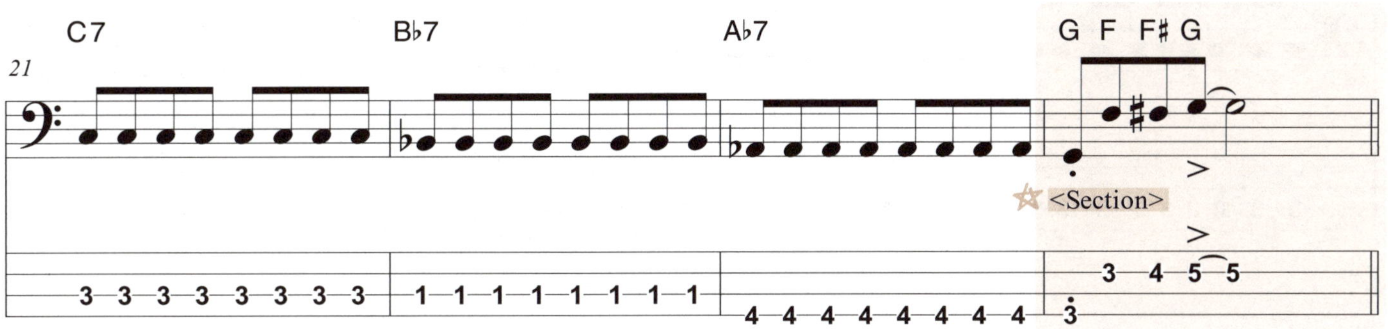

Interlude

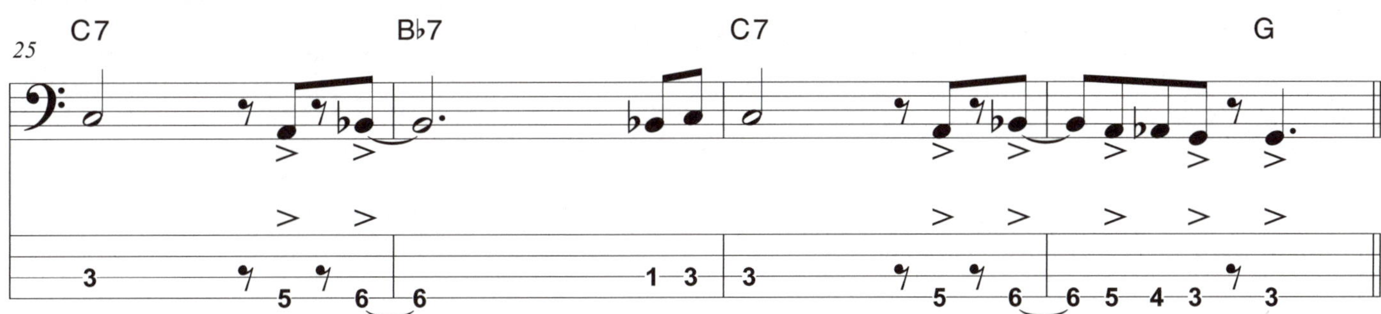

Verse 2

Chorus 2

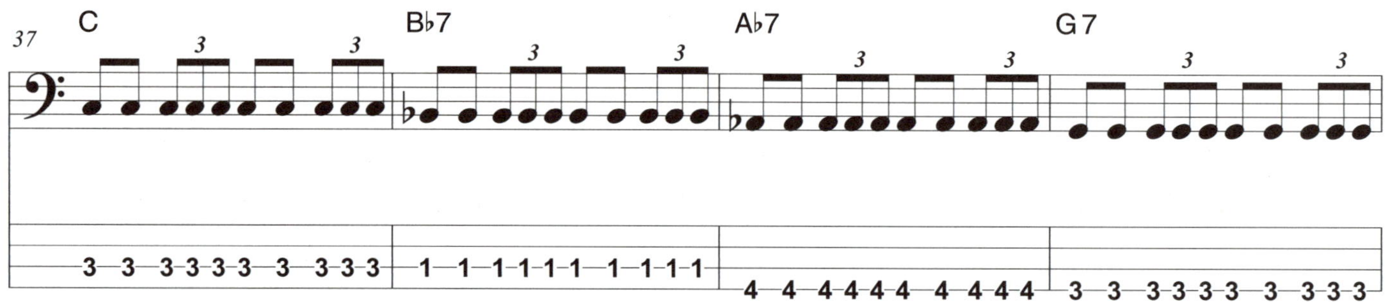

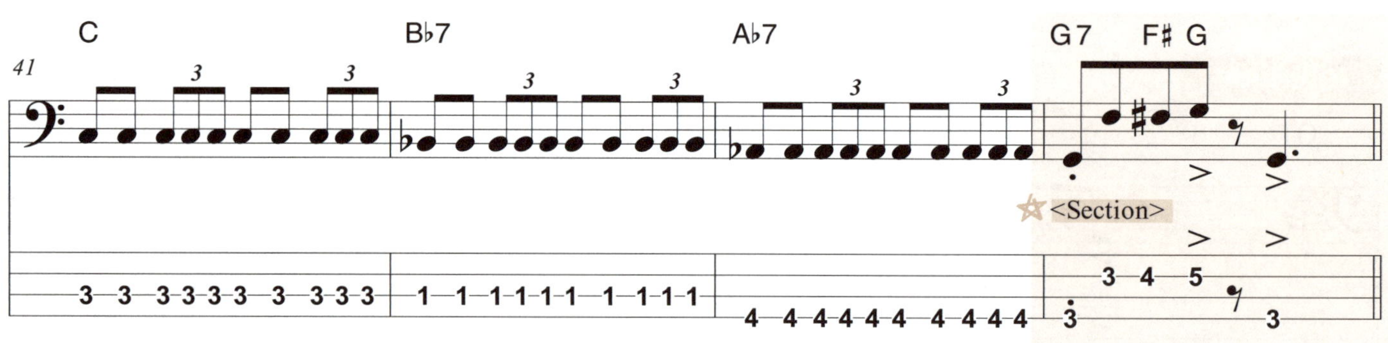

Ending

Shuffle in C

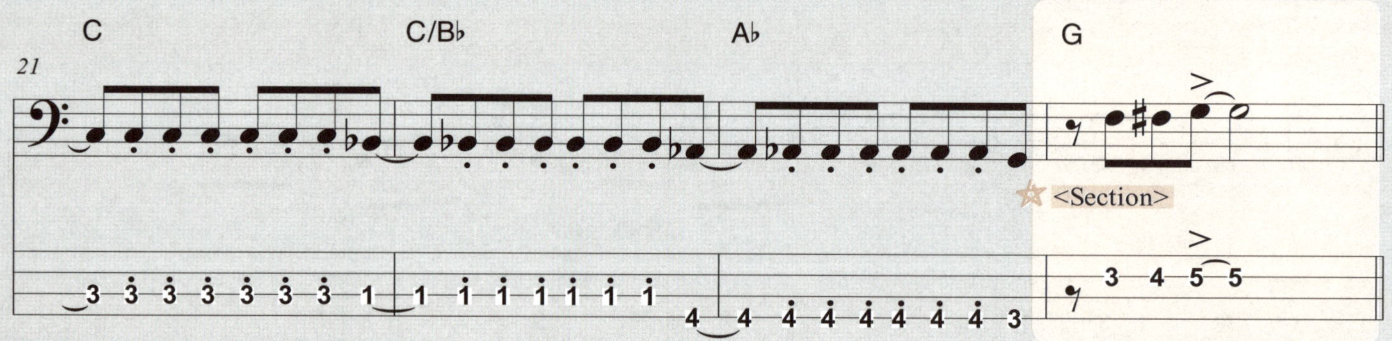

Interlude

Ending

Song

6

Disco in Dm

디스코 리듬이란?

Disco Rhythm

디스코는 R&B, 라틴 음악의 영향을 받았으며 디스코 라이브 밴드는 드럼, 베이스, 기타, 보컬은 물론 오르간, 브라스 혼 섹션, 타악기 등 굉장히 많은 악기를 사용하며, 리듬감 있는 기타 라인과 댄스 성향의 음악으로 "Four on the floor" 엇박자를 넣는 것이 특징이라고 할 수 있습니다. 대표적인 팀으로는 Earth, Wind & Fire을 꼽을 수 있습니다. 디스코 리듬에서 베이스 라인은 옥타브와 16분음표 그리고 레가토와 스타카토에 따라 다양한 느낌을 표현할 수 있습니다.

기본적인 디스코 베이스 패턴

Basic Disco Bass Pattern

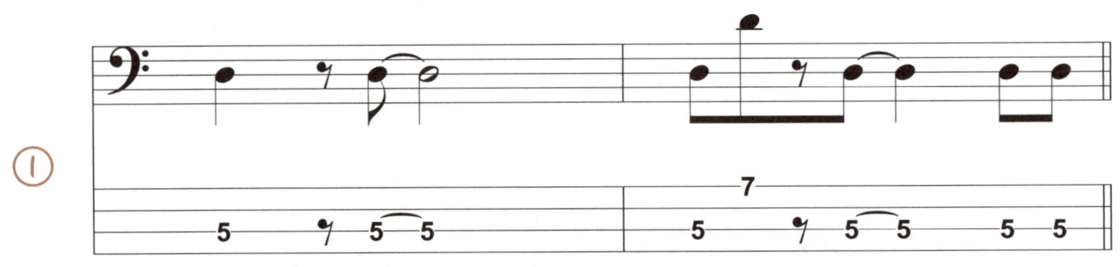

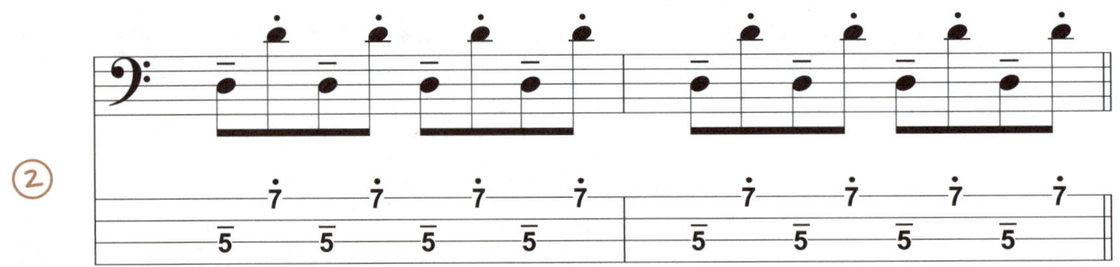

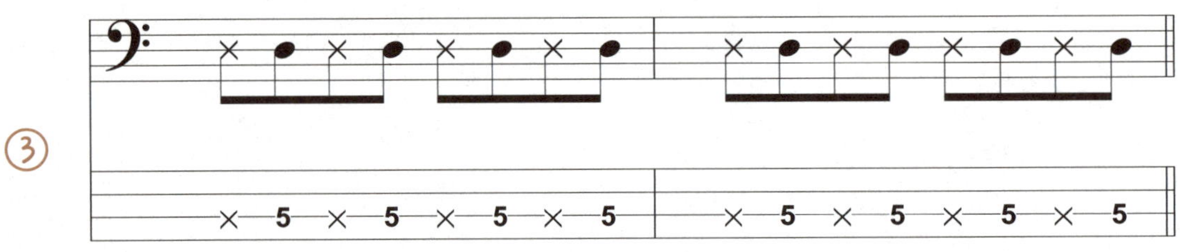

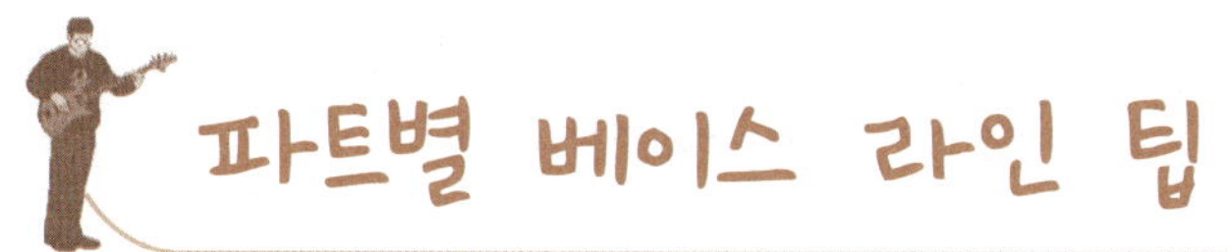

파트별 베이스 라인 팁

전주(Intro) 디스코 베이스 라인은 옥타브를 사용하여 연주할 때 일정한 밸런스를 유지하는 것이 중요합니다. 7마디 4박자 슬라이드와 8마디에 있는 4분음표 섹션을 유의하여 연주합니다.

Intro

벌스 1(Verse 1) 단순한 라인이지만 정확하게 연주해야 하며, 레가토와 스타카토를 잘 표현하는 것이 중요합니다. 16마디의 하행하는 4분음표 섹션 진행을 잘 지켜 연주합니다.

Verse 1

옥타브 연주 시 8분음표를 정확한 길이로 연주합니다. 20마디 섹션을 잘 지키고 23~24마디에 기타, 베이스, 키보드와 유니즌으로 연주합니다.

Chorus 1

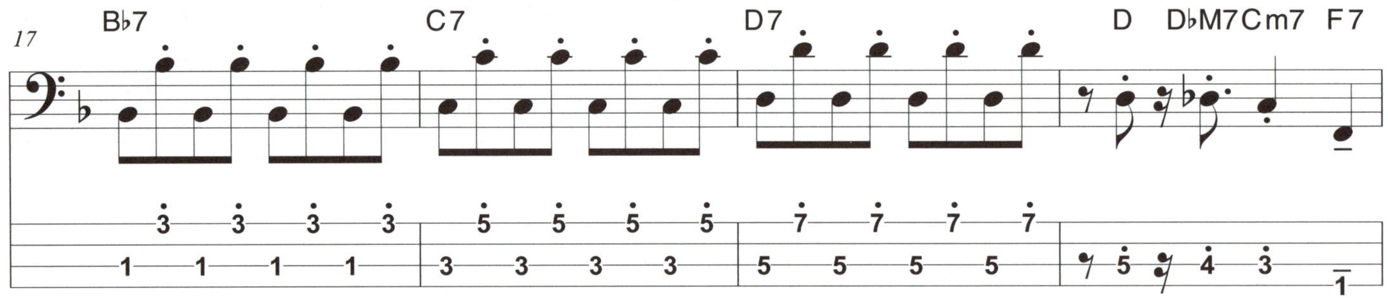

드럼과 함께 정확하게 연주하며, 악센트와 당김음을 잘 지켜서 연주합니다.

Interlude

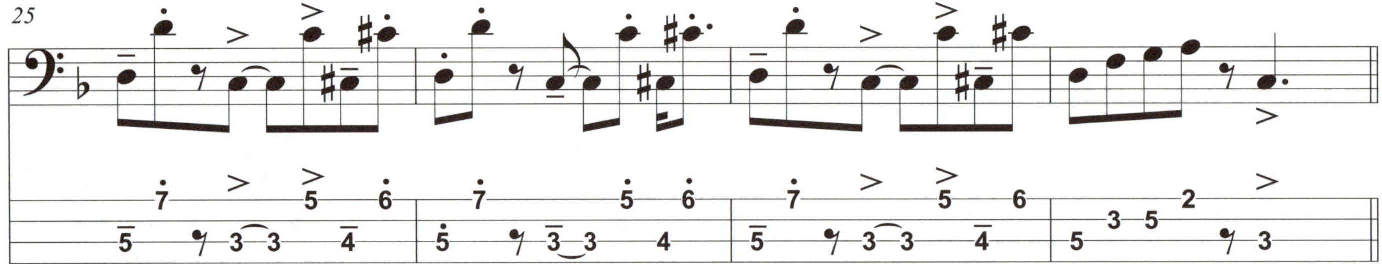

16분음표 이음줄 연결과 H(해머링 온)후 스타카토를 잘 지키고, 35~36마디 섹션도 잘 지켜 연주합니다.

Verse 2

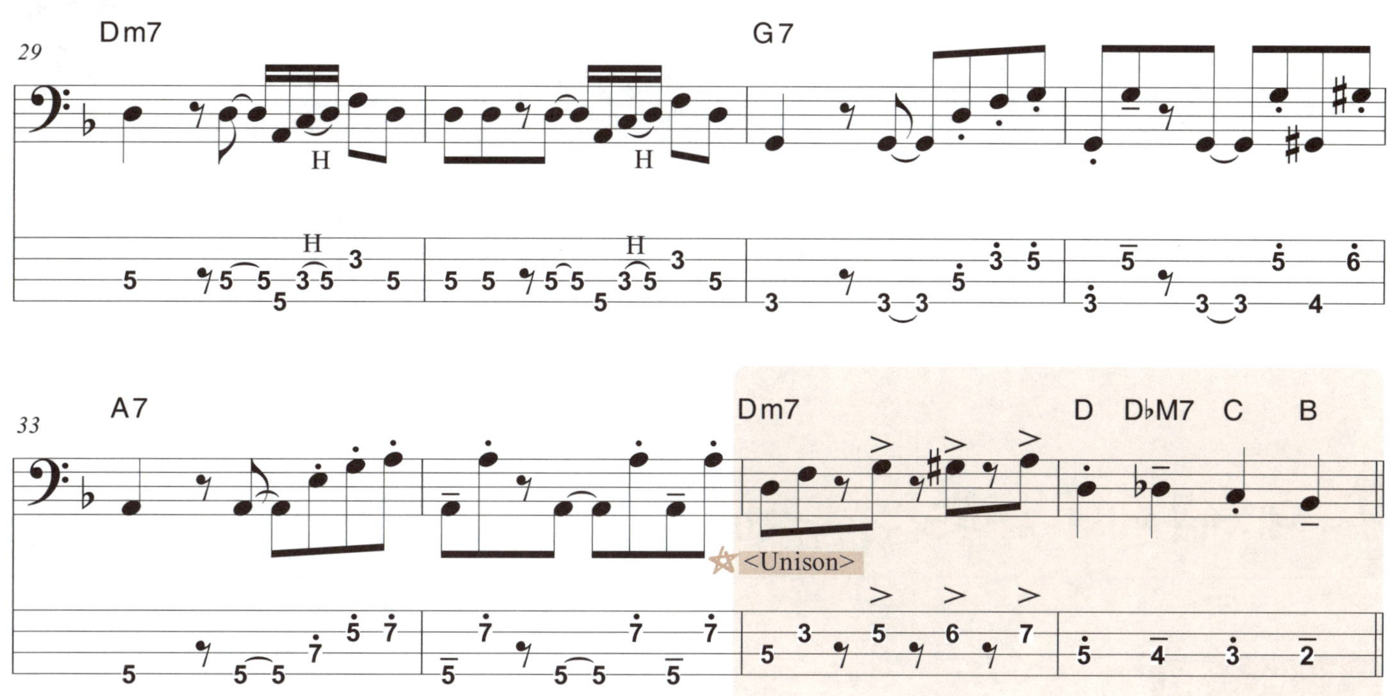

코러스 2(Chorus 2) 반복적인 느낌을 주기 위해 코러스 1과 동일하게 만들었습니다.

Chorus 2

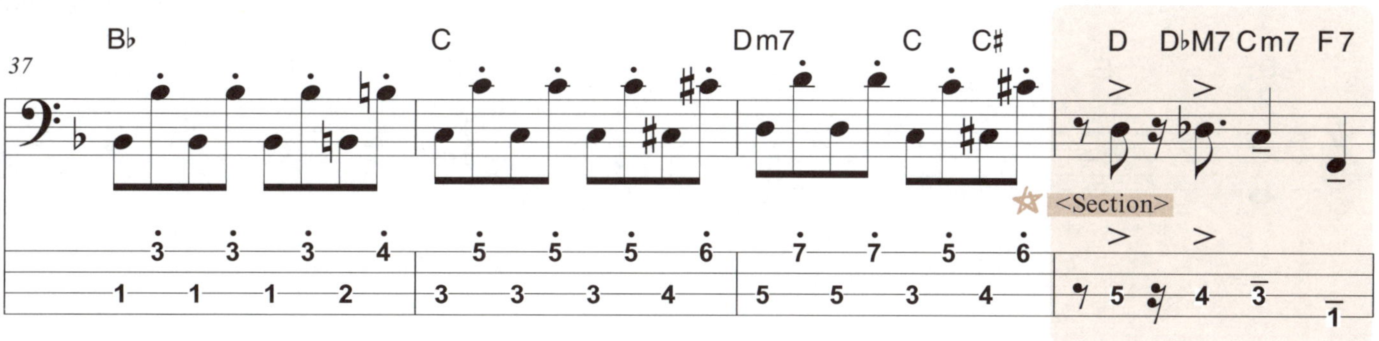

정확한 리듬으로 악센트를 잘 지켜 연주합니다.

Ending

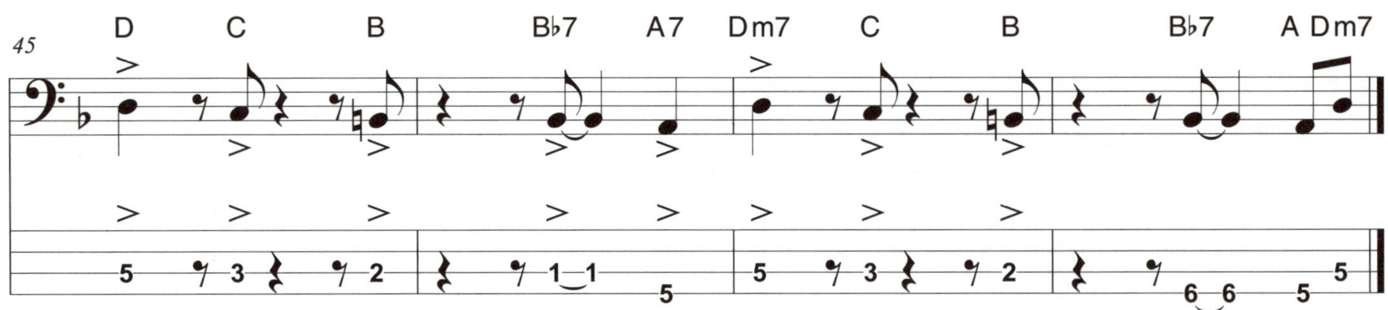

예제곡에서 사용되는 음계

D 마이너 스케일

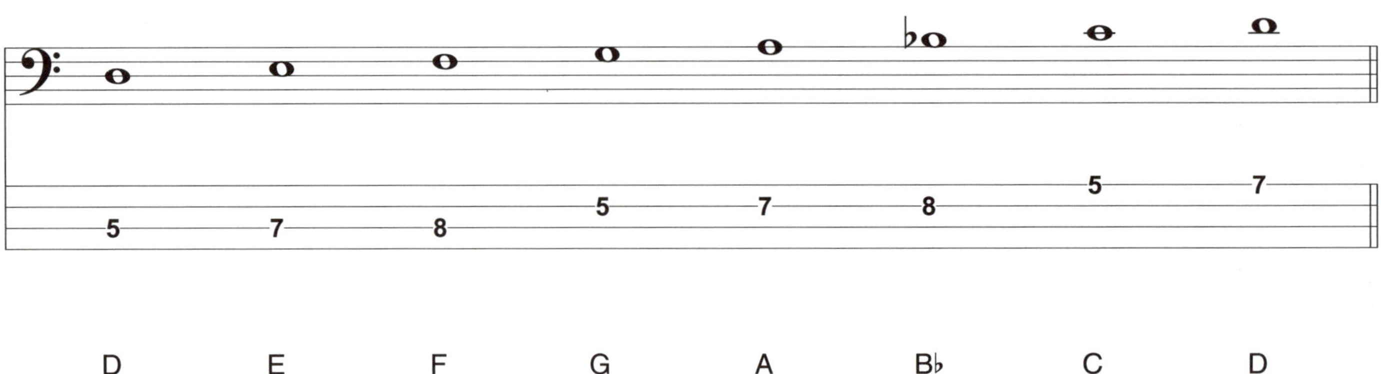

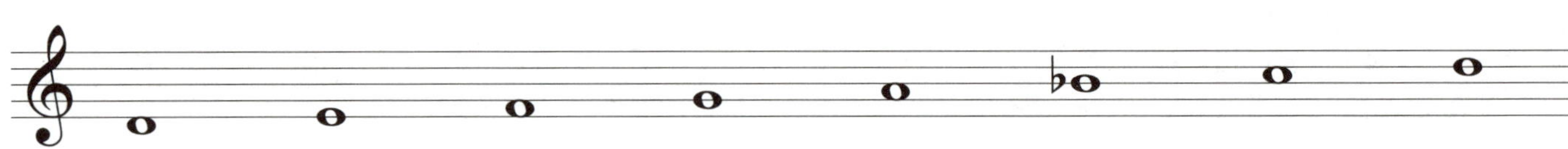

Intro **Verse 1** **Verse 2**

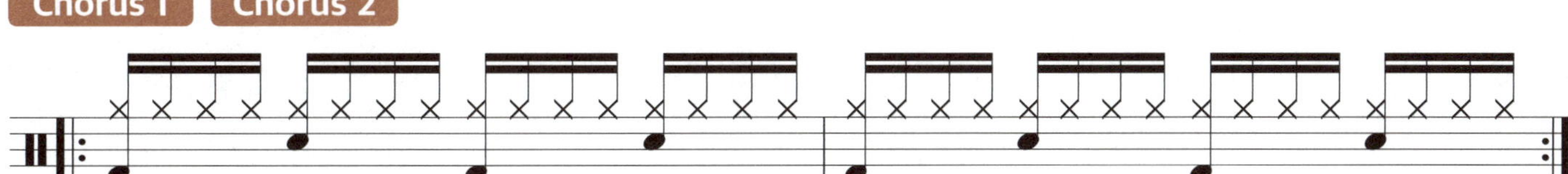

Chorus 1 **Chorus 2**

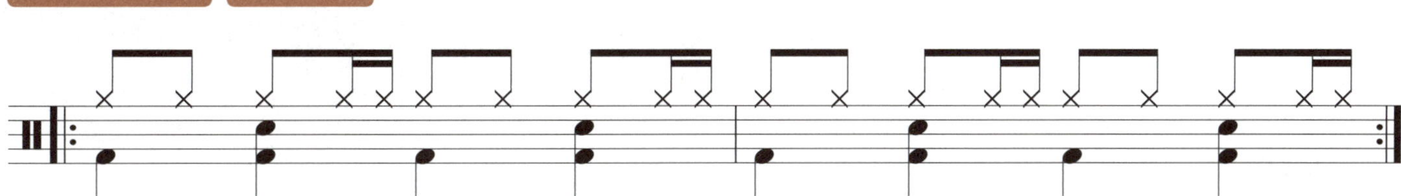

Interlude **Ending**

베이직 디스코 베이스 라인

Basic Disco in Dm

Intro

♩ = 120

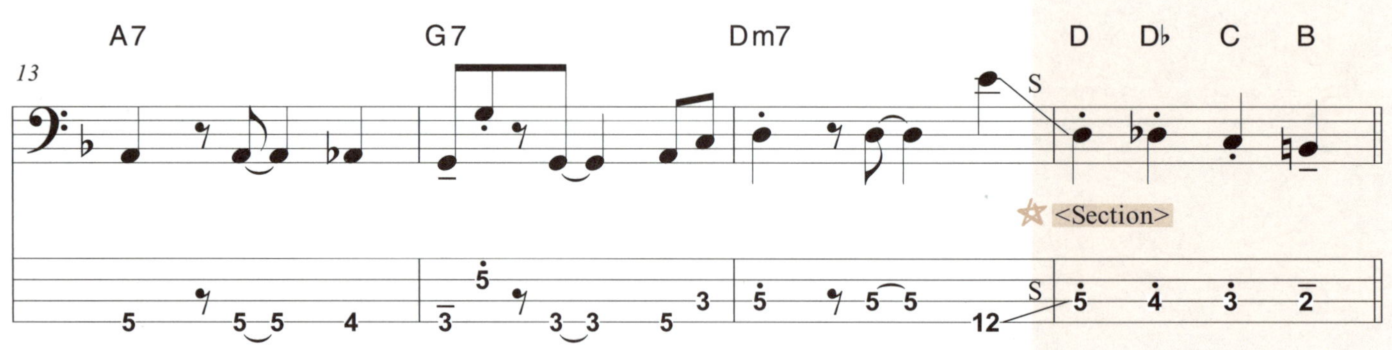

Chorus 1

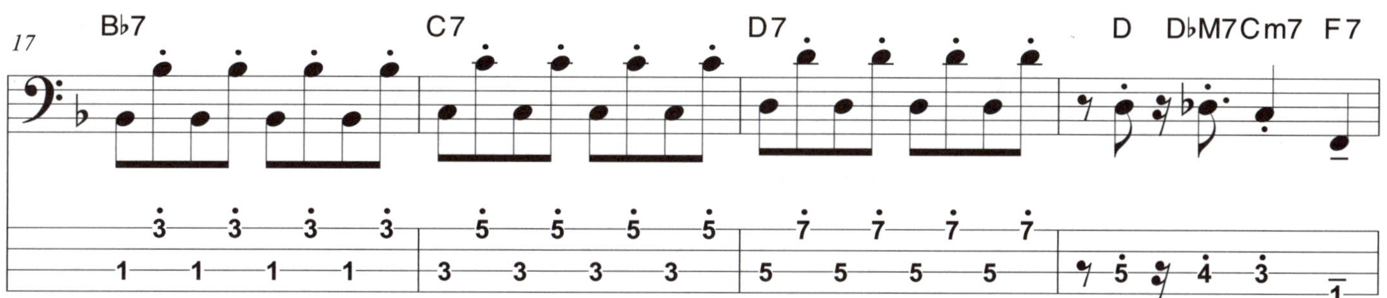

Bb7
C7
D7
D DbM7 Cm7 F7

Bb7
C7
Dm7
<Unison>

Interlude

Verse 2

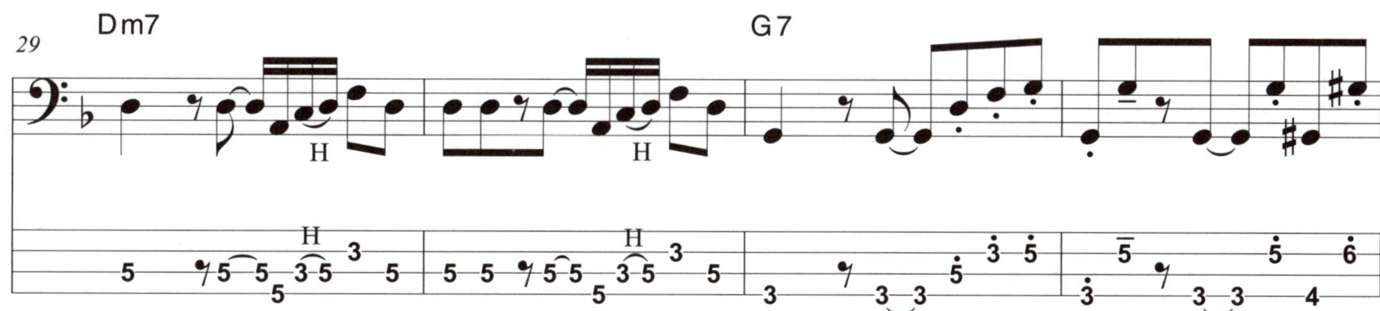

Dm7
G7
H
H

Chorus 2

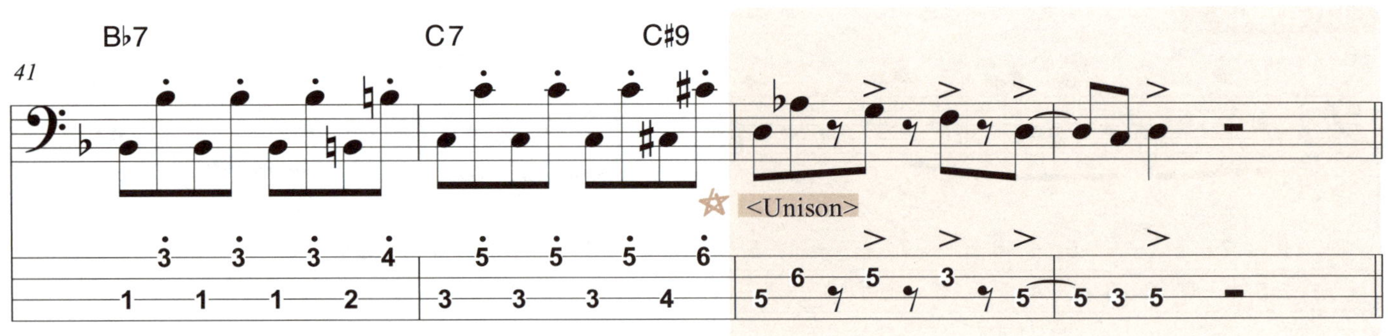

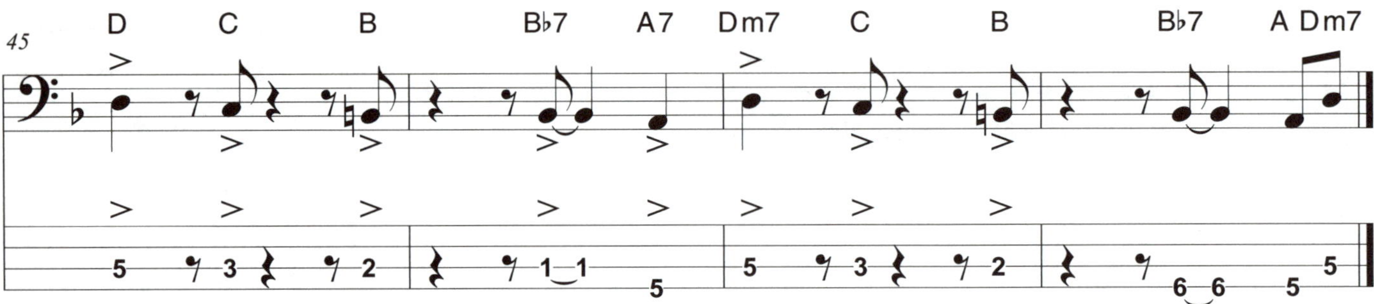

Ending

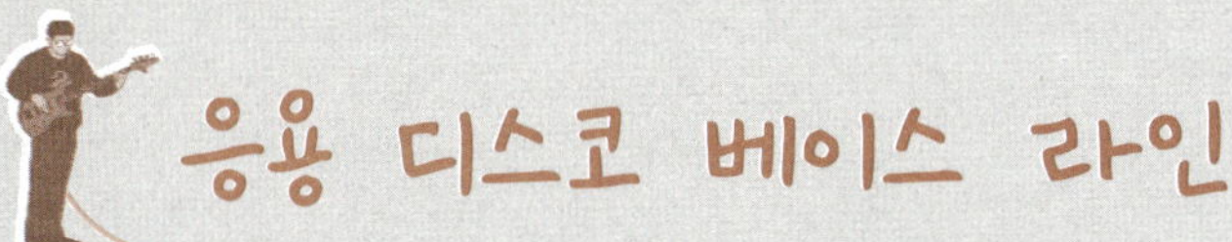

Disco in Dm

Intro

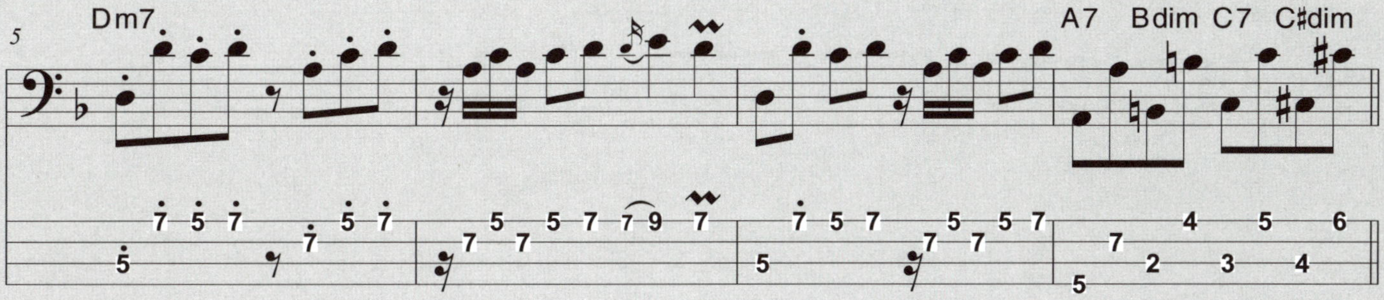

Verse 1

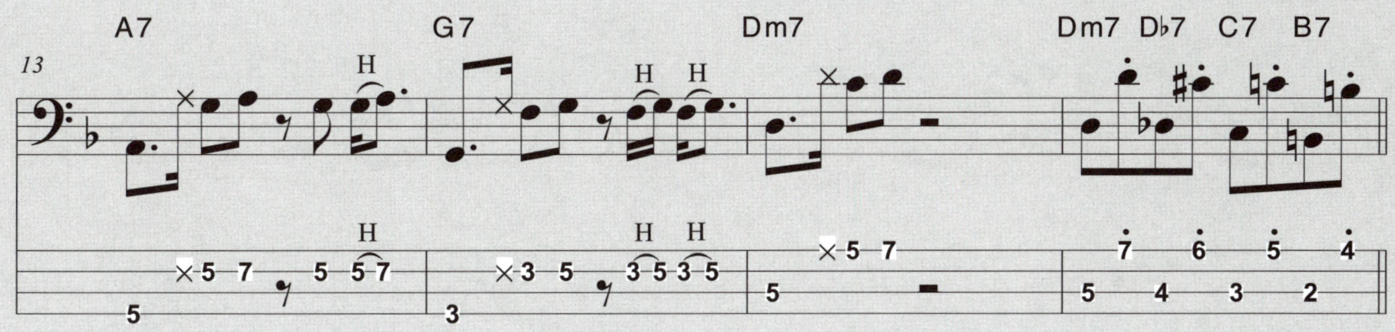

Chorus 1

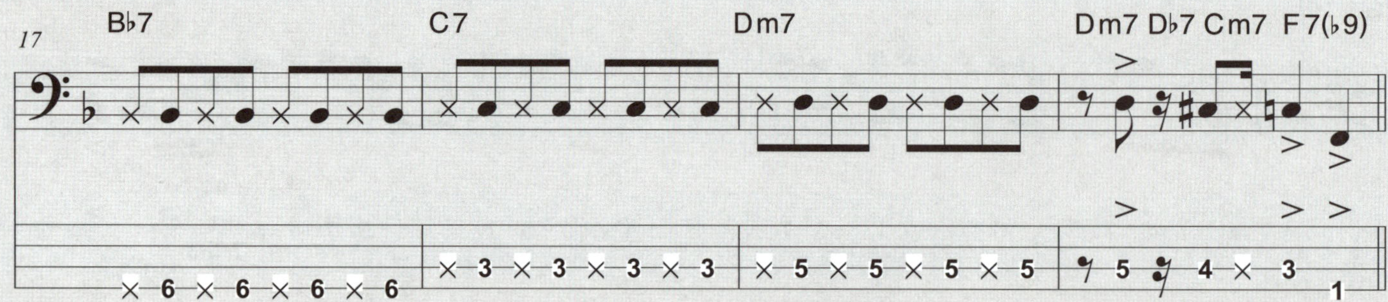

Interlude

Verse 2

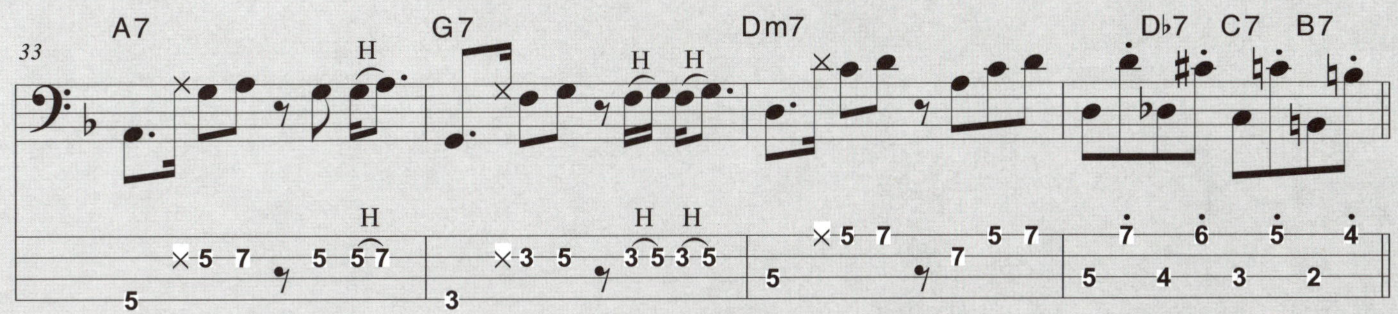

Chorus 2

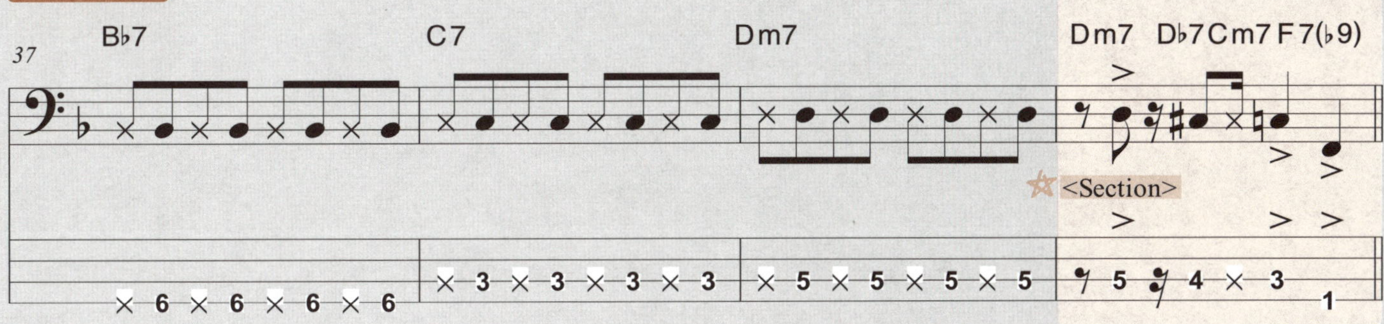

Ending

Bossa Nova in F

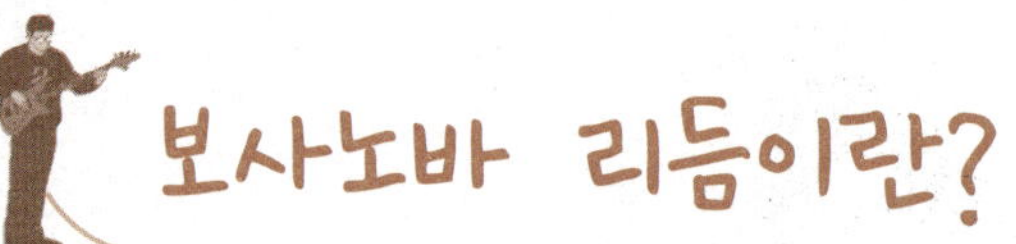 

보사노바 리듬이란?

Bossa Nova Rhythm

보사노바Bossa Nova는 음악의 한 장르로서 브라질에서 탄생한 음악입니다. 1960년대에 브라질의 전통 음악인 삼바를 기본으로 재즈의 영향을 받아 만들어졌습니다. 보사노바는 포르투갈어로 '새물결'이라는 뜻입니다. 삼바가 2/4박자로 구성되어 있다면 보사노바는 4/4박자로 구성되어 있으며 삼바와 리듬은 유사하지만 속도는 삼바에 비해 느리고 음율도 잔잔한 것이 특징입니다. 그래도 삼바의 리듬을 계승했기에 4/4박자라도 2마디를 1마디처럼 연결하기 때문에 체감상 느끼는 박자는 2/4박자와 유사하다고 볼 수 있습니다. 베이스 패턴은 근음과 5도를 사용해서 연주합니다.

기본적인 보사노바 베이스 패턴

Basic Bossa Nova Bass Pattern

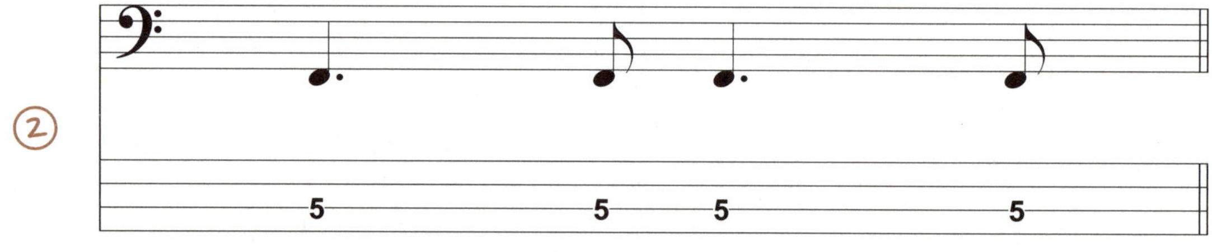

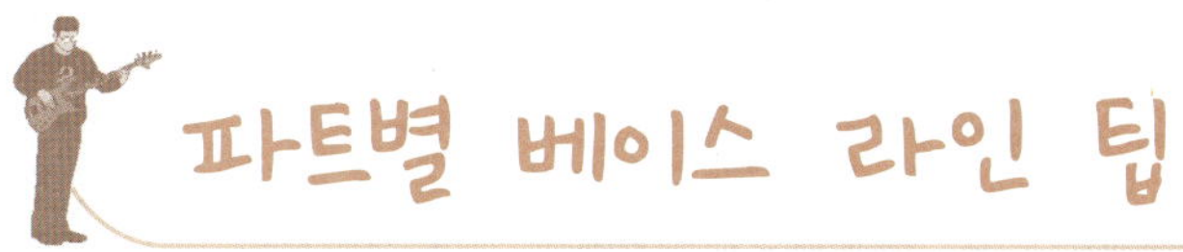

파트별 베이스 라인 팁

보사노바 기본 패턴은 코드 근음과 5도를 중심으로 연주합니다. 7~8마디 섹션을 유의하여 연주합니다.

기본 패턴에서 점4분음표와 2분음표 길이를 잘 지키고, 16마디 섹션을 유의하여 연주합니다.

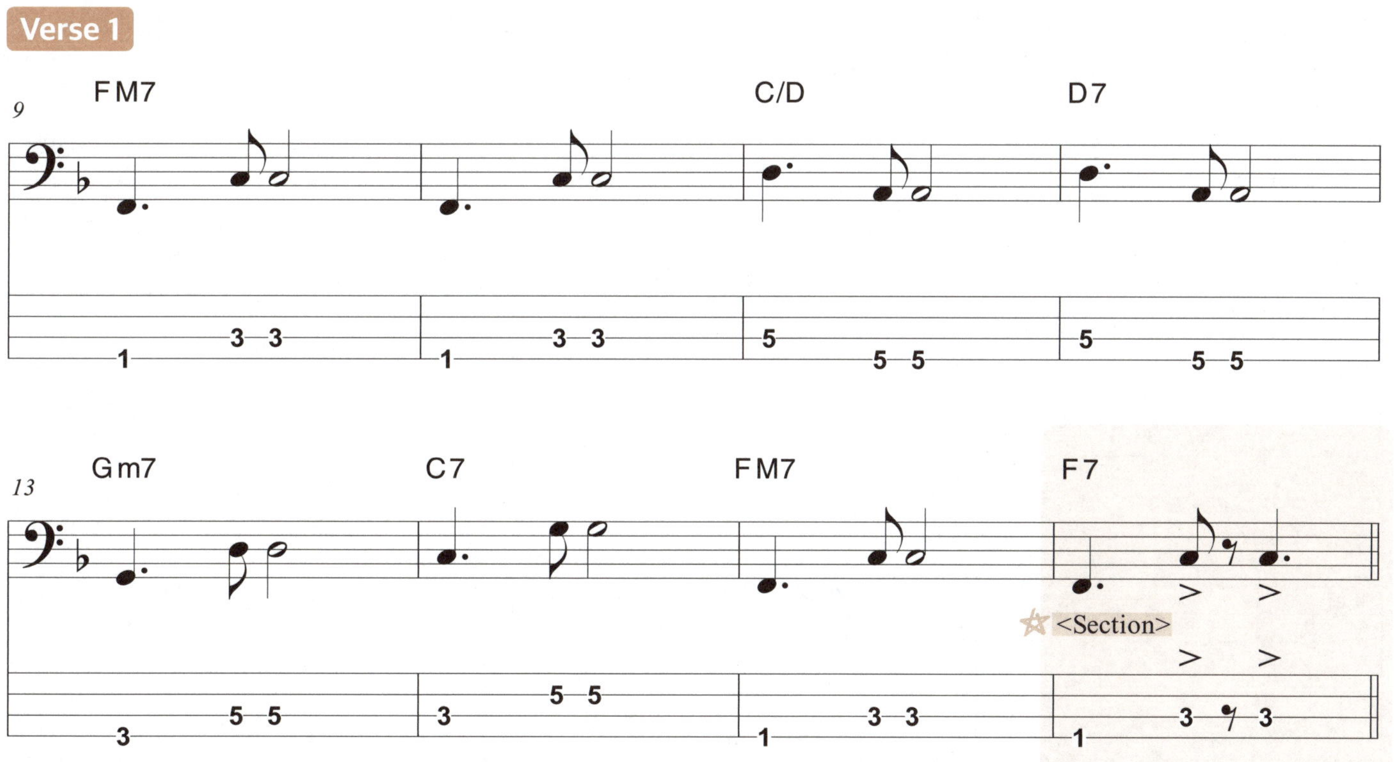

코러스 1(Chorus 1)   코드의 5도 길이를 2박자 반으로 연주합니다.

Chorus 1

간주(Interlude)   2마디를 하나의 패턴으로 당김음(싱코페이션)을 잘 지켜 연주합니다.

Interlude

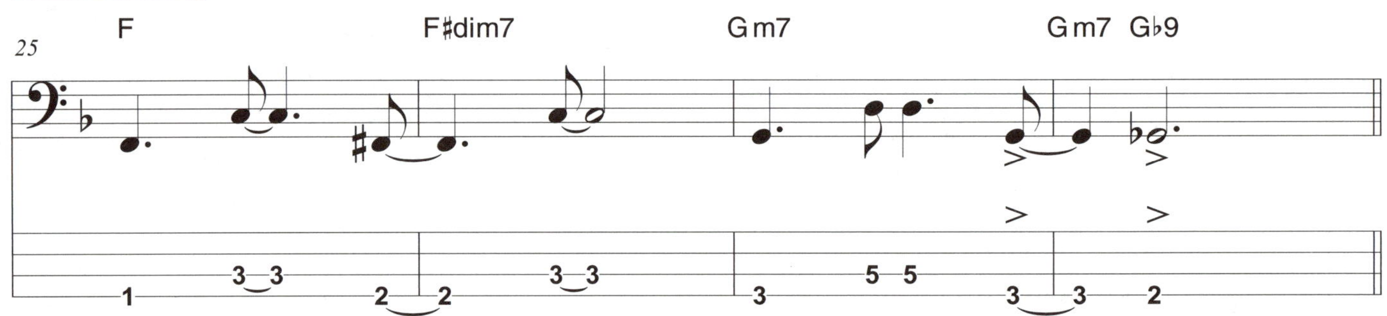

벌스 2(Verse 2)   마디와 마디 사이의 경과음(어프로치)을 통해 코드마다 자연스럽게 연결하고 악센트도 맞춰 연주합니다.

Verse 2

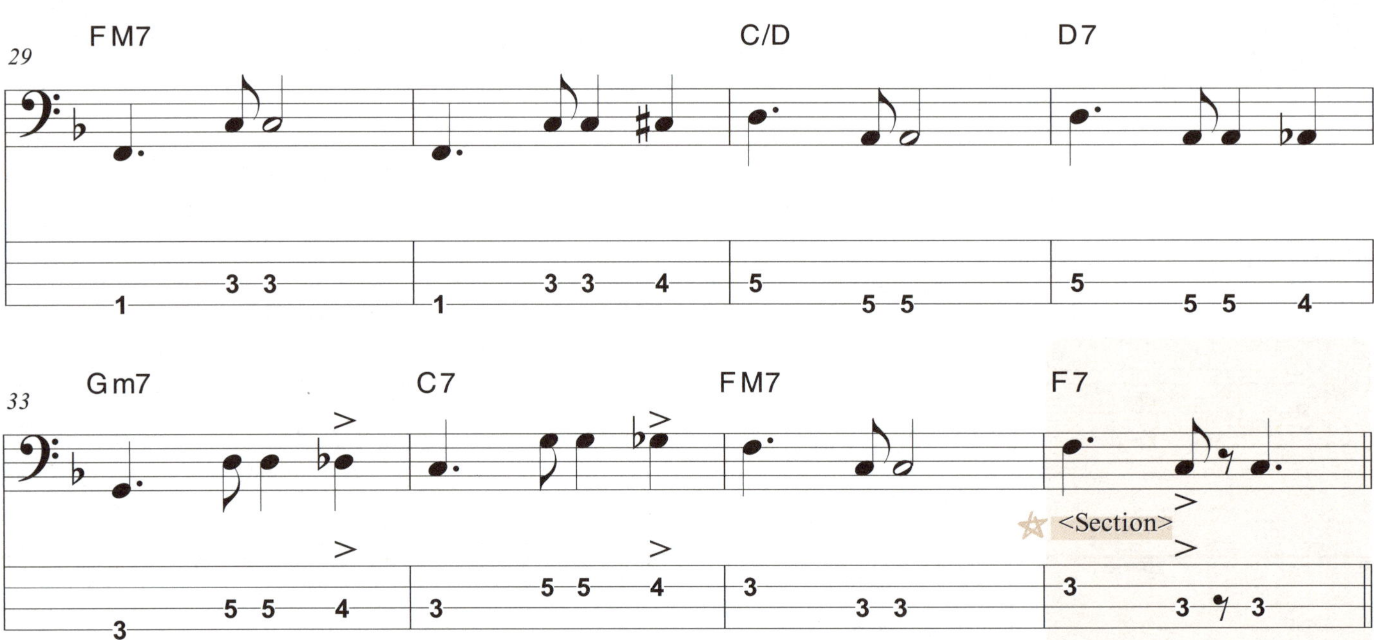

Chorus 2

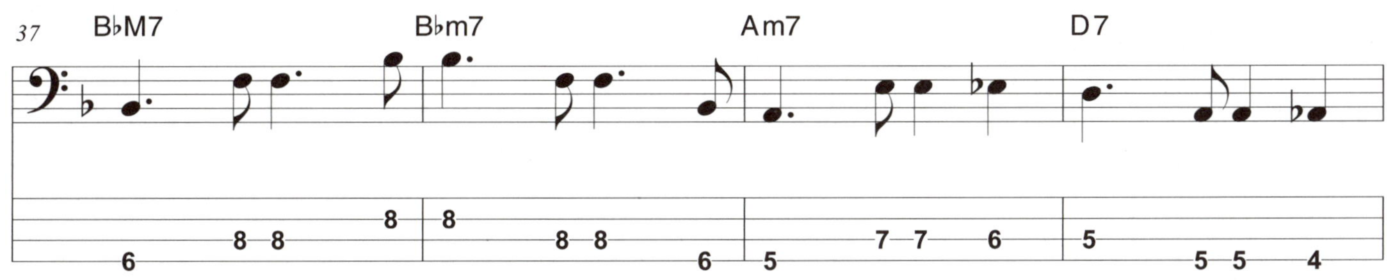

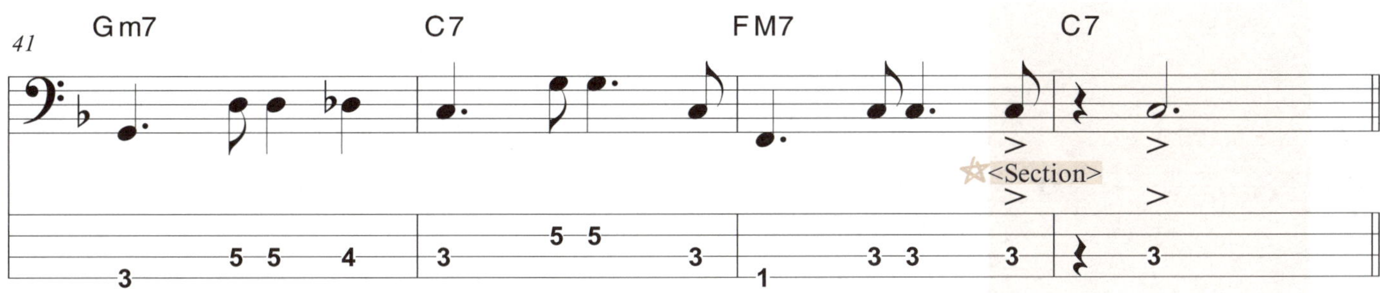

Ending

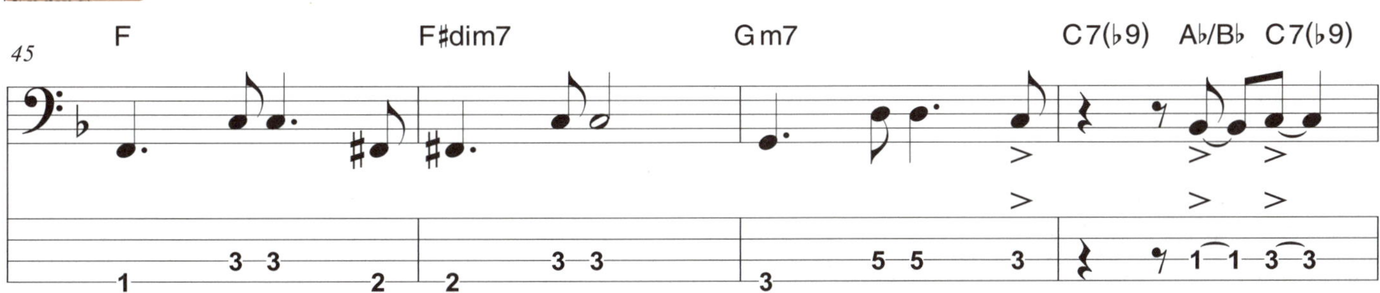

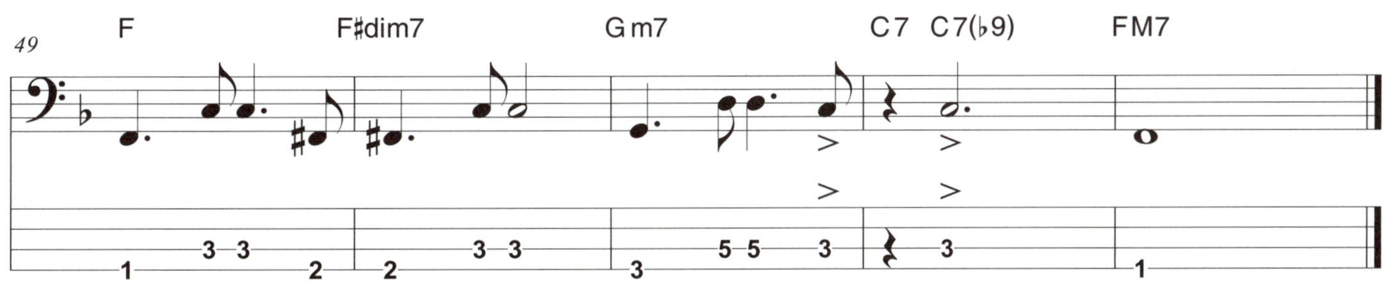

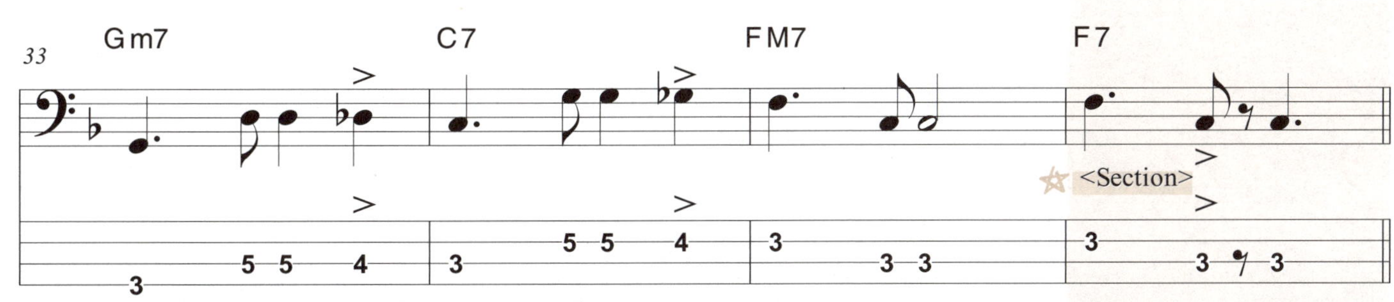

예제곡에서 사용되는 음계

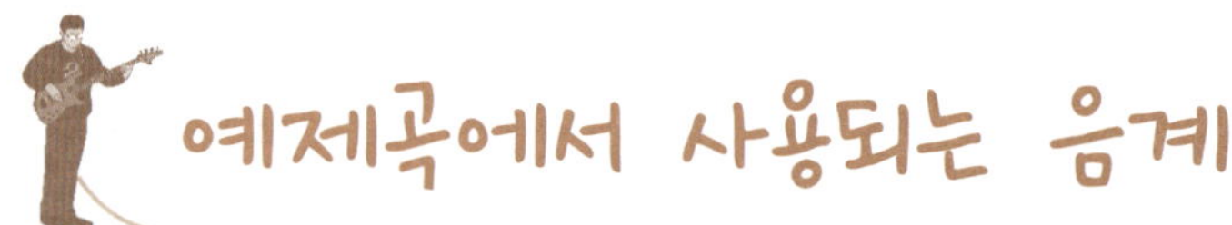

F 메이저 펜타토닉 스케일

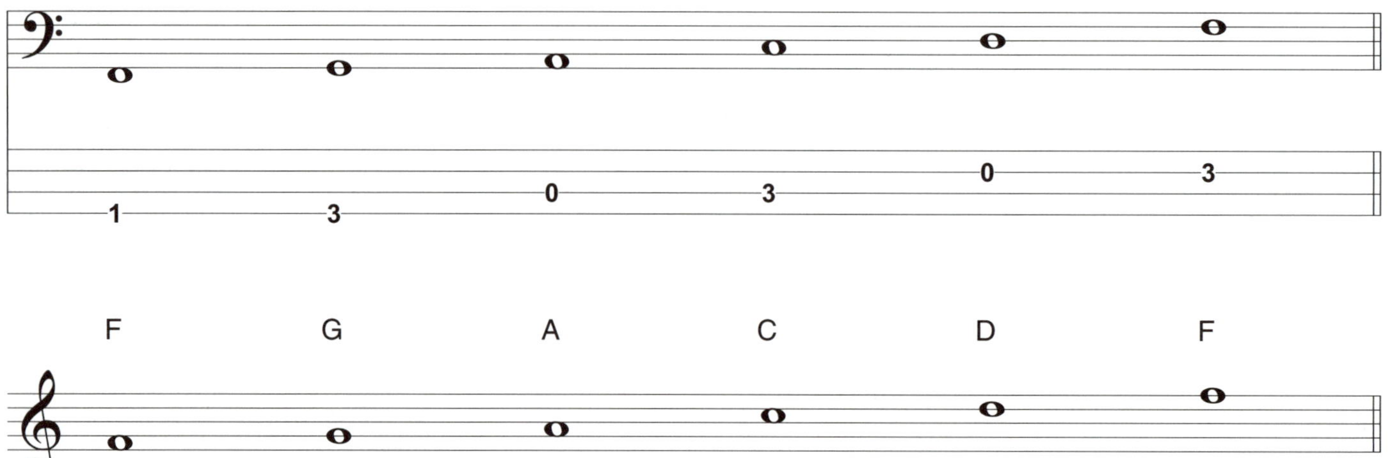

드럼과 함께 연주하기

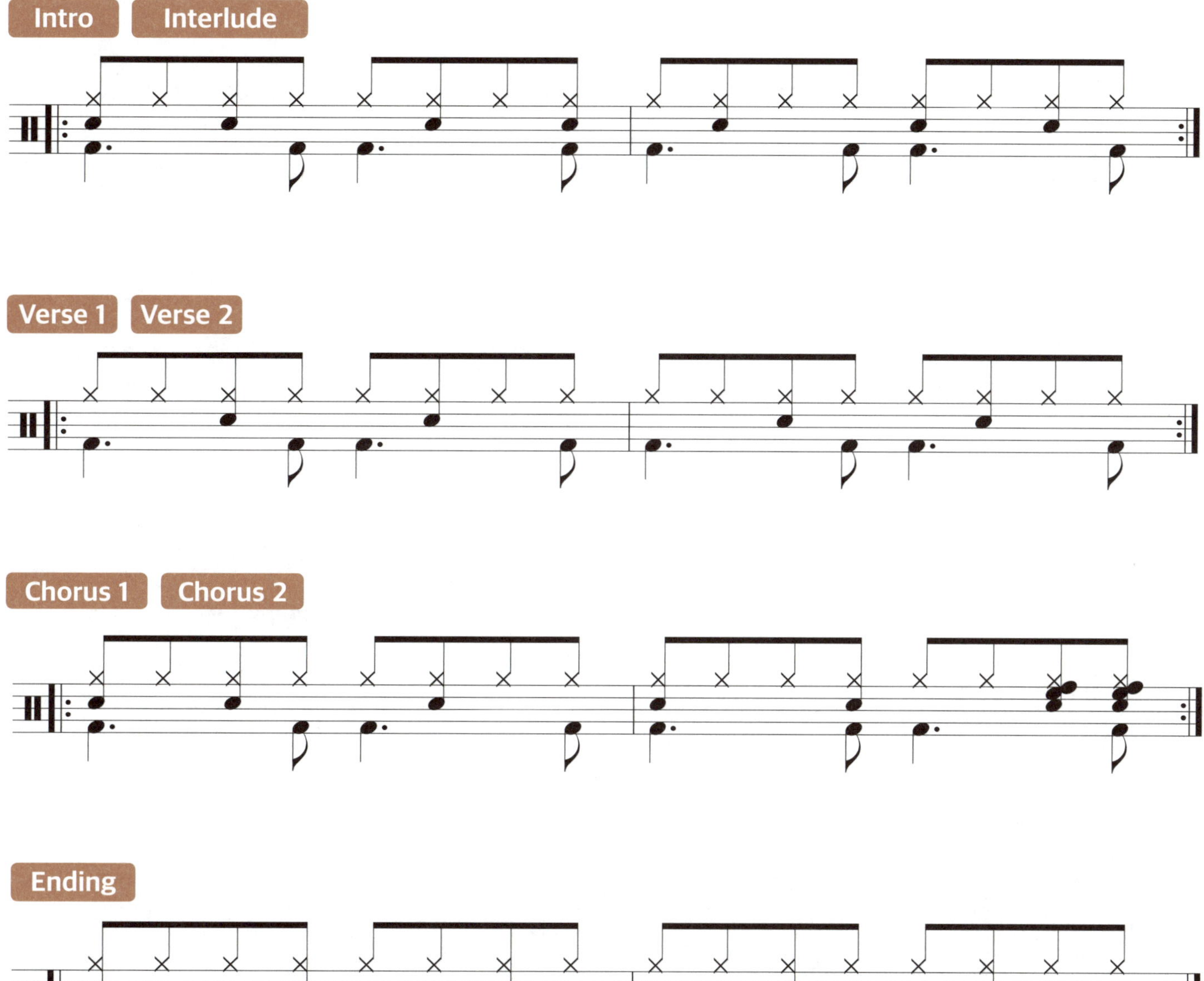

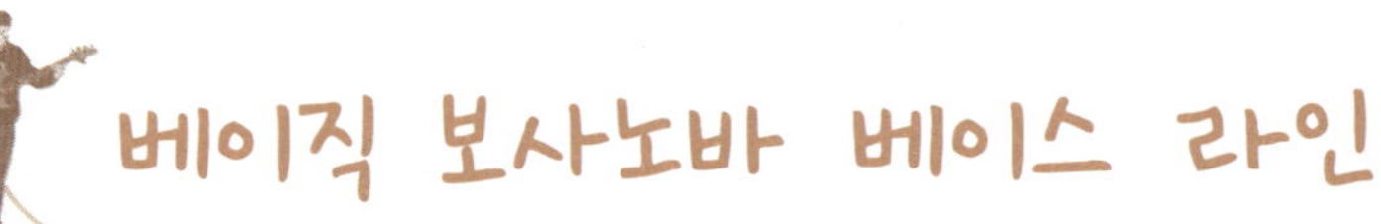

Basic Bossa Nova in F

Intro

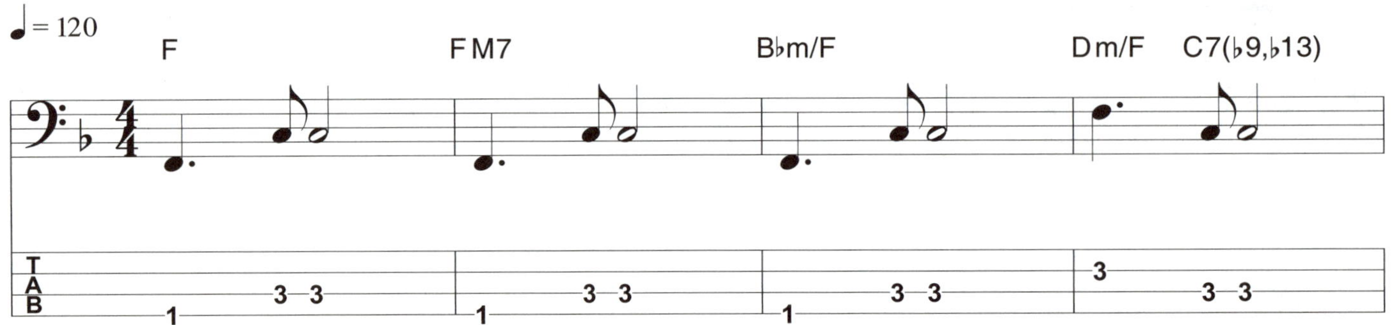

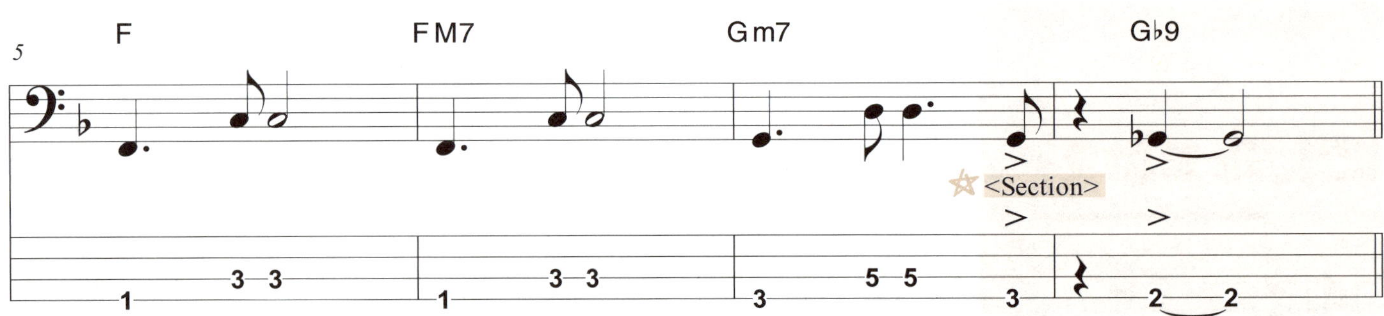

Verse 1

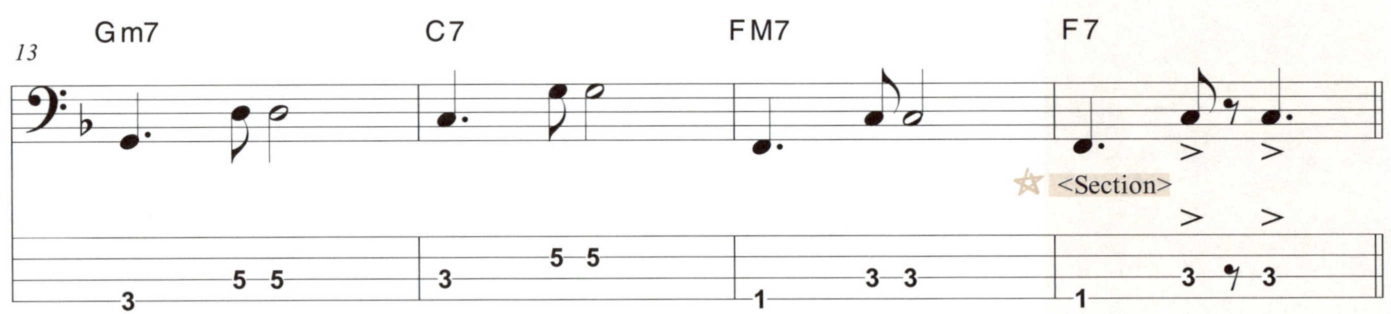

Chorus 1

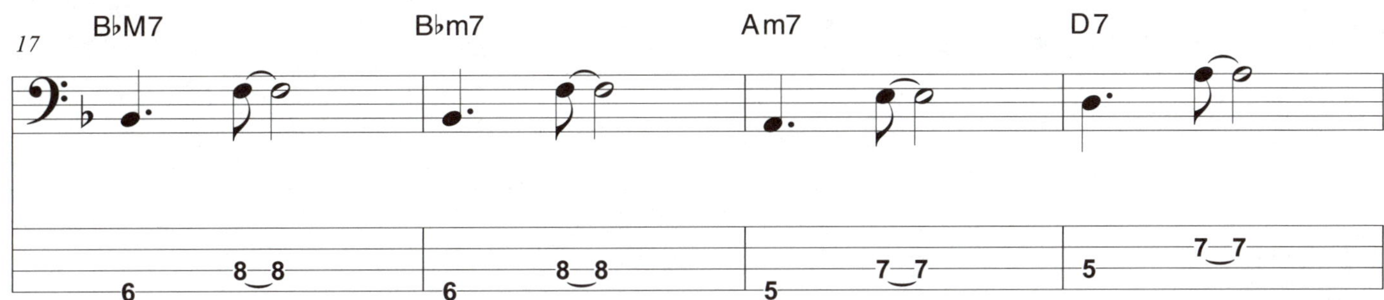

Interlude

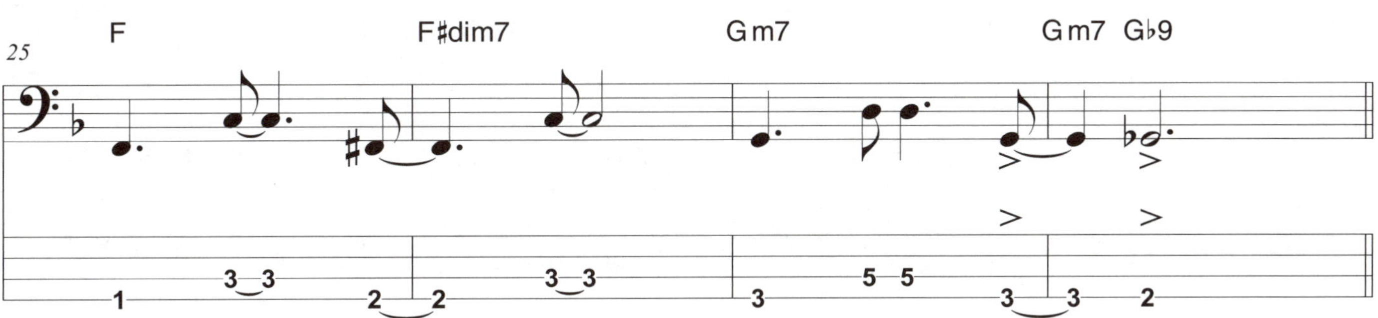

Verse 2

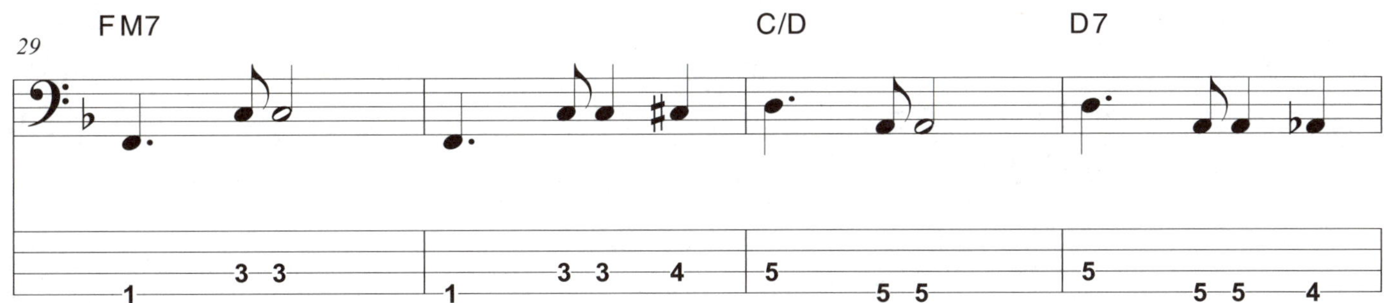

33
Gm7
C7
FM7
F7
<Section>
Chorus 2
37
B♭M7
B♭m7
Am7
D7
41
Gm7
C7
FM7
C7
<Section>
Ending
Ending
45
F
F♯dim7
Gm7
C7(♭9) A♭/B♭ C7(♭9)
49
F
F♯dim7
Gm7
C7 C7(♭9)
FM7

응용 보사노바 베이스 라인
Bossa Nova in F
모범 연주
MR
Intro
♩ = 120
F
F M7
B♭m/F
Dm/F C7(♭9,♭13)

F
F M7
Gm7
G♭9
☆ <Section>

Verse 1
F M7
C/D
D7

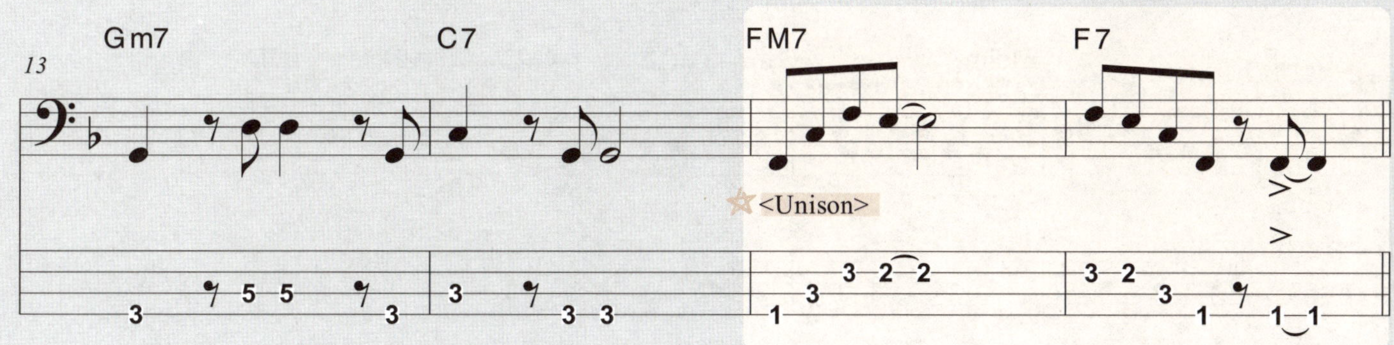
Gm7
C7
F M7
F7
☆ <Unison>

Chorus
BbM7
Bbm7
Am7
D7(b13)
Gm7
C7
FM7
C7(b9)
Interlude
F
F#dim7
Gm7
Gb7
Ending
F
F#dim7
Gm7
C7(b9) Ab/Bb C7(b9)
F
F#dim7
Gm7
C C7(b9)
FM7

Funk Rock In Em

펑크 록 리듬이란?

Funk Rock Rhythm

펑크 록은 펑크와 록의 요소가 혼합된 퓨전 장르라고 할 수 있습니다. 제임스 브라운^{James Brown}과 다른 사람들은 리틀 리차드^{Little Richard}와 그의 1950년대 중반 로드 밴드인 더 업세터즈^{The Upsetters}가 로큰롤 비트에 펑크를 처음 넣었다고 선언했으며, 전기 작가는 그들의 음악이 "50년대에서 음악적 전환을 촉발시켰다"고 말했습니다. 기록상 펑크 록의 초기 화신은 1960년대 후반부터 1970년대 중반까지 지미헨드 익스피리언스^{Jimi Hendrix Experience}, 에릭 버든 앤 워^{Eric Burdon and War}, 레드본^{Redbone}, 릭 데린저^{Rick Derringer},데이비드 보위^{David Bowie}, 에어로스미스^{Aerosmith}, 와일드^{Wild}와 같은 연주자들이 있습니다. 1980년대와 1990년대에 펑크 록 음악은 톰 톰 클럽^{Tom Tom Club}, 피그백^{Pigbag}, 인엑시스^{INXS}, 토킹 헤즈^{Talking Heads}, 디보^{Devo}, 파인 영 카니발스^{Fine Young Cannibals} 및 카메오^{Cameo}와 같은 밴드가 사운드에 손을 대면서 인기를 얻었습니다. 베이스 연주자들이라면 다 알고 있는 레드 핫 칠리 페퍼스^{Red Hot Chili Peppers}를 포함한 여러 그룹들이 생겨났으며, 펑크 록과 메탈, 펑크, 힙합 및 실험적 음악을 특히 결합하여 펑크 메탈로 알려진 장르도 연결되었습니다.

기본적인 펑크 록 베이스 패턴

Basic Funk Rock Bass Pattern

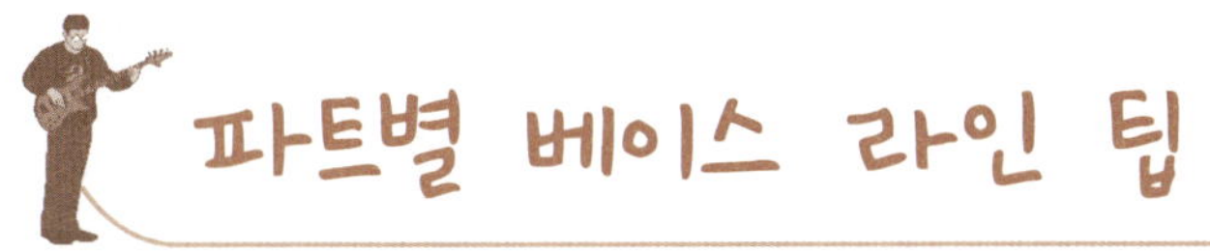

파트별 베이스 라인 팁

전주(Intro) 펑크 록에서는 드럼과 베이스가 한 호흡으로 안정적인 패턴을 만들어주는 것이 중요합니다. 8분음표 스타카토, 레가토 음 길이를 정확히 연주하고, 7~8마디 유니즌은 베이스, 기타, 키보드, 드럼을 함께 맞춰 연주합니다.

Intro

벌스 1(Verse 1) 쉼표를 정확하게 지키는 것이 중요하고, 14마디의 16분음표 연주 후, 15~16마디 섹션을 연주합니다.

Verse 1

8분음표와 16분음표 조합으로 연주하며, 23~24 두 마디 섹션을 주의합니다. 연습 후 본 교재의 예시와 달리 다양한 8분음표와 16분음표를 사용하고, 또한 배열을 다르게 해서 연주해 보세요.

곡의 테마가 되는 부분이라고 할 수 있습니다. 기타와 함께 연주하는 것이 중요하며, 스타카토, 레가토, 쉼표를 잘 지키면서 베이스 테크닉 슬라이드는 4분음표 길이로 정확하게 연주합니다.

마디와 마디 사이의 경과음(어프로치)을 통해 코드마다 자연스럽게 연결하고 악센트도 맞춰 연주합니다.

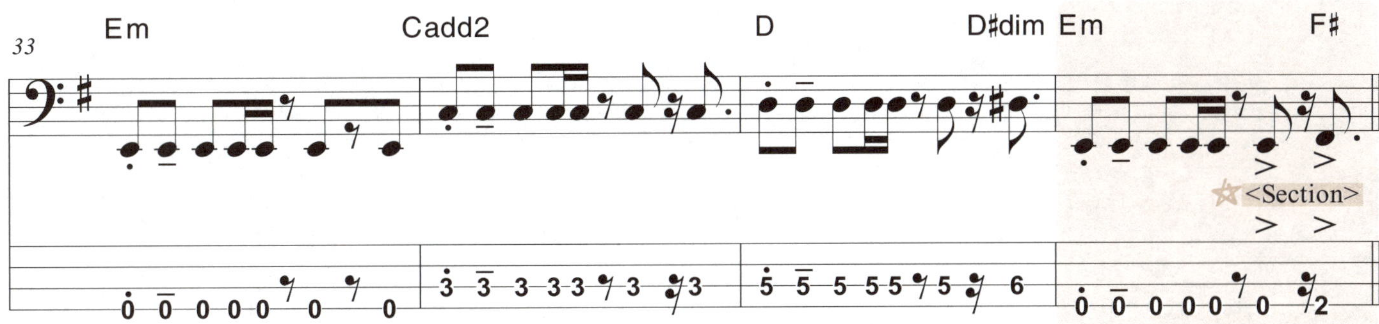

반복적인 느낌을 주기 위해 코러스 1과 동일하게 만들었습니다.

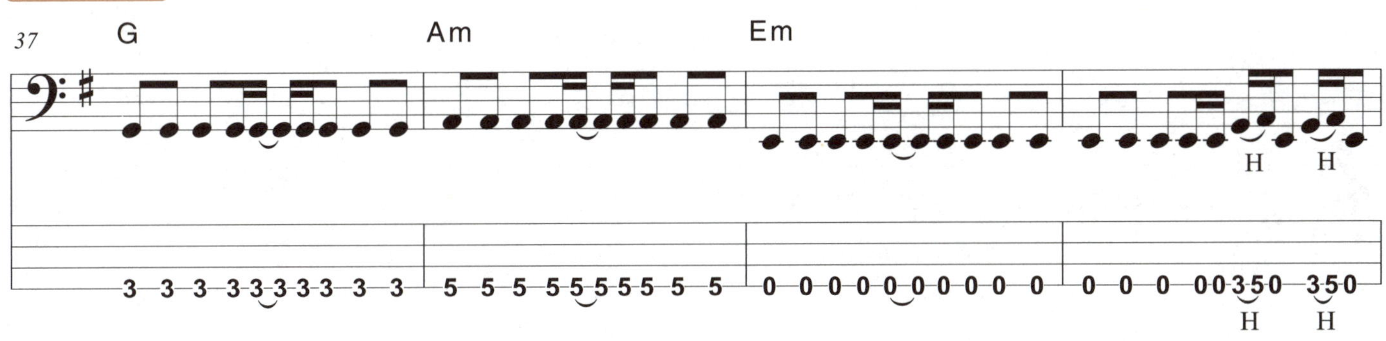

마지막 4마디는 기타와 같이 유니즌으로 연주하면 더 흥미롭게 곡을 마무리 할 수 있습니다. 다양한 음표와 해머링이 복합적으로 사용되고 있기 때문에 조금 더 집중해서 연주합니다.

Ending

예제곡에서 사용되는 음계

E 마이너 스케일

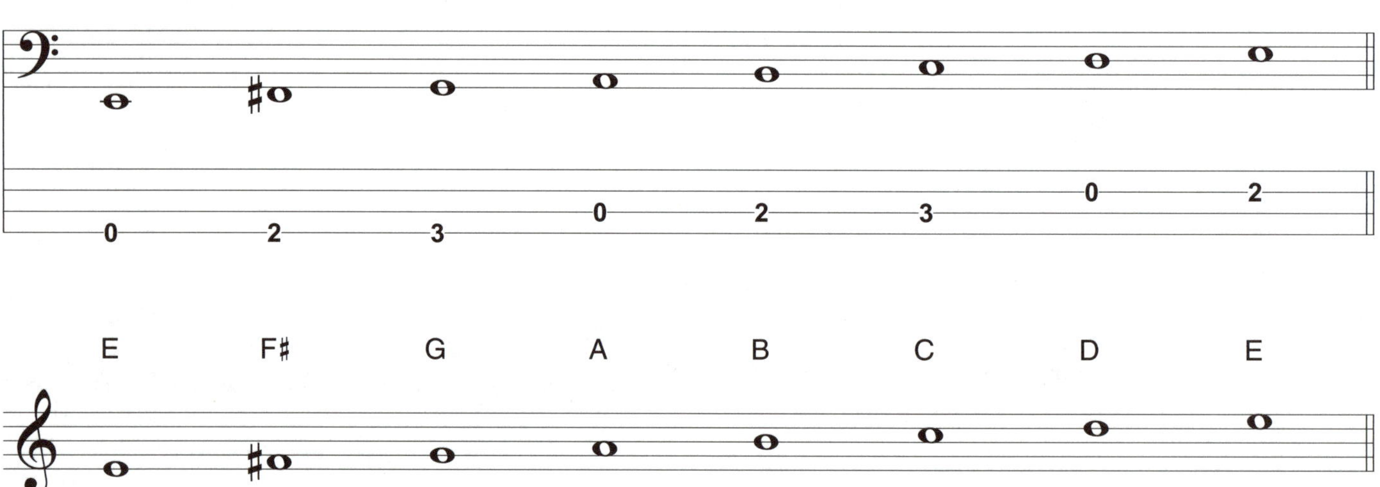

드럼과 함께 연주하기

Intro

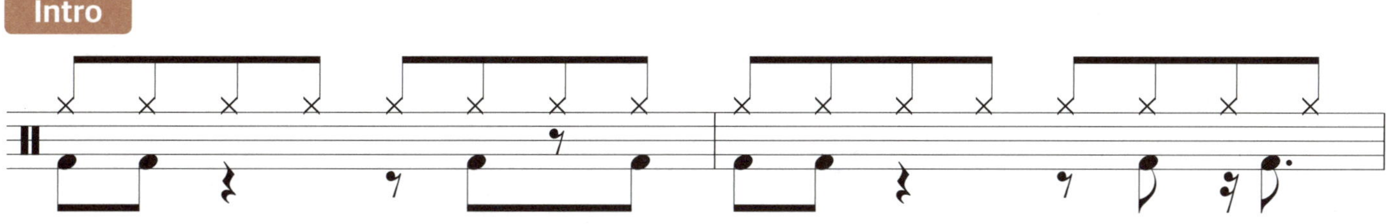

Verse 1 **Verse 2**

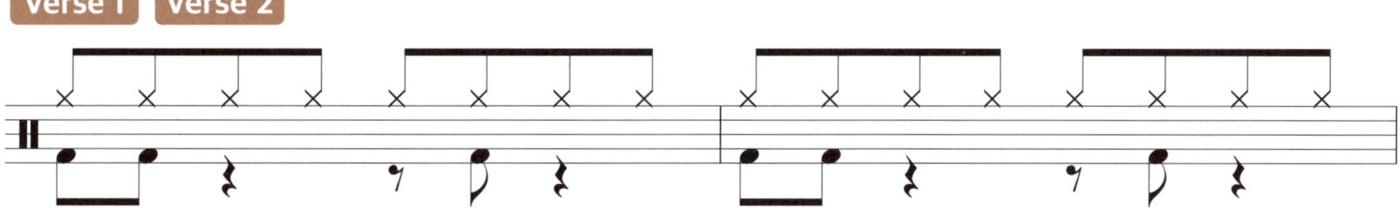

Chorus 1 **Chorus 2**

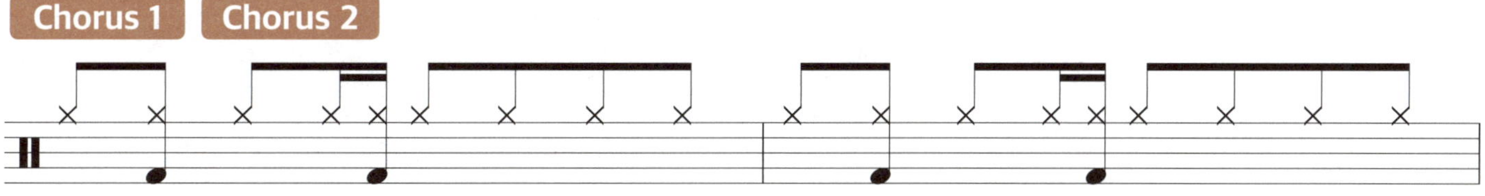

Interlude **Ending**

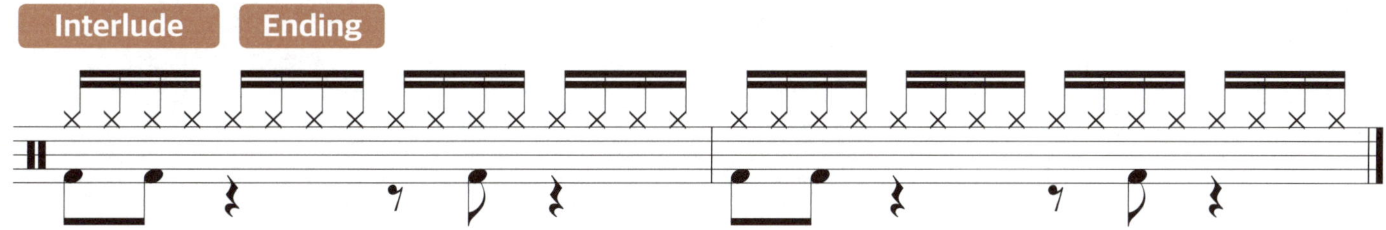

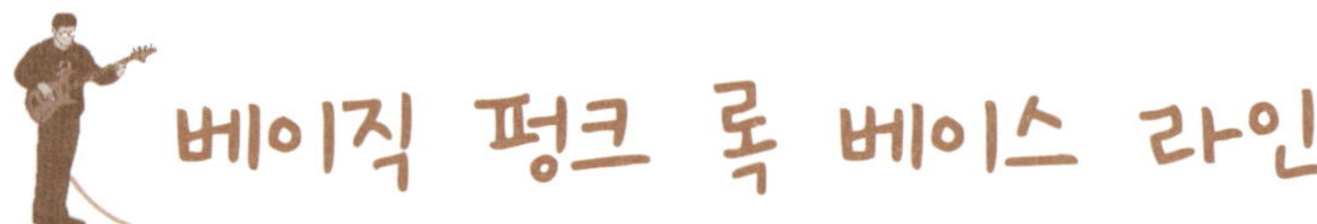

Basic Funk Rock in Em

Verse 1

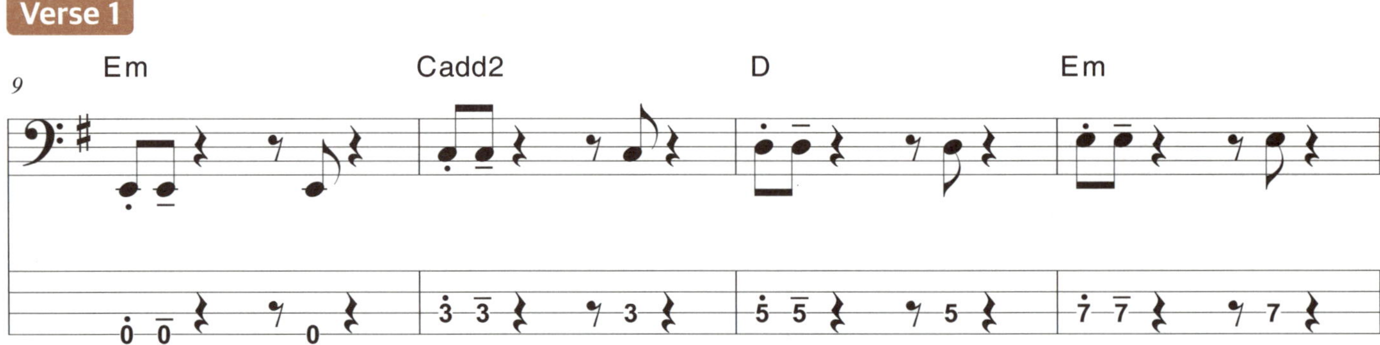

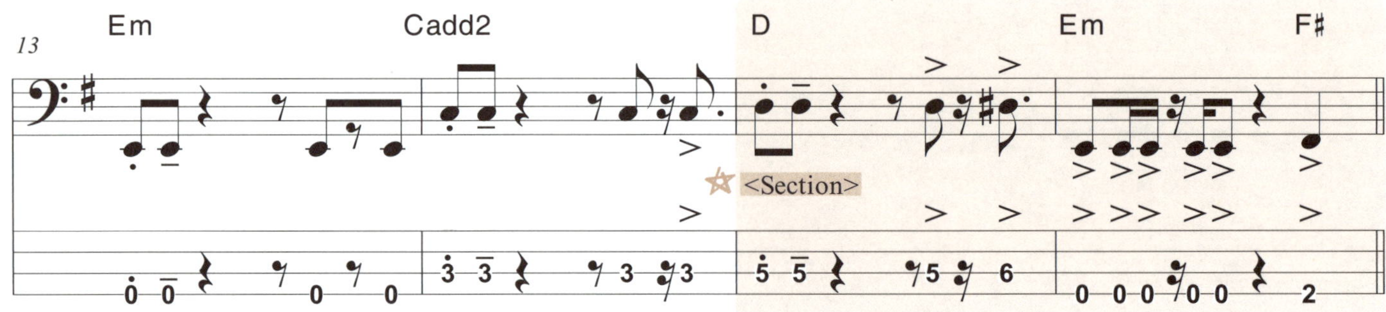

Chorus 1

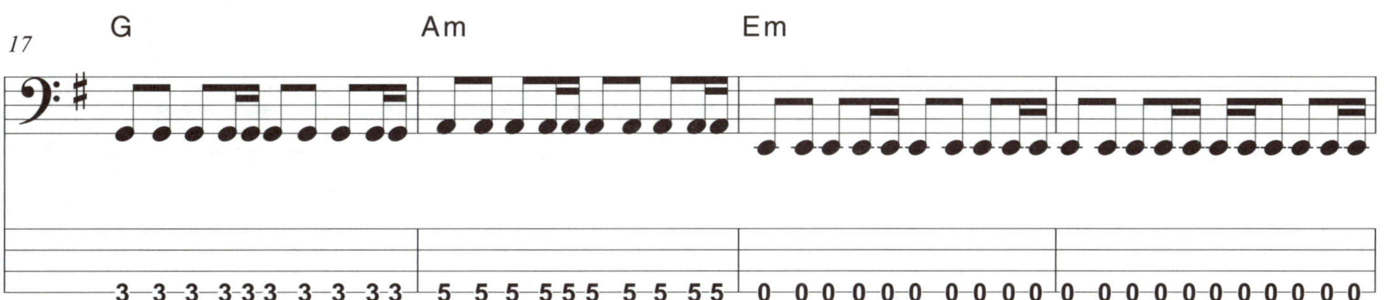
17
G
Am
Em
3 3 3 3 3 3 3 3 3 3
5 5 5 5 5 5 5 5 5 5
0 0 0 0 0 0 0 0 0 0 0 0 0 0 0 0 0 0 0 0

21
Cadd2
D
Em
☆ <Section>
3 3 3 3 3 3 3 3 3 3
5 5 5 5 5 5 5 5 5 5
0 0 0 0 0 0 0 0 0 0

Interlude

25
Em
> >
> >
> >
> >
> >
> >
S
0 0 0 0
5 7 5 7 7 5 7
0 0 0 0
7 5 7 7 7
12
S

Verse 2

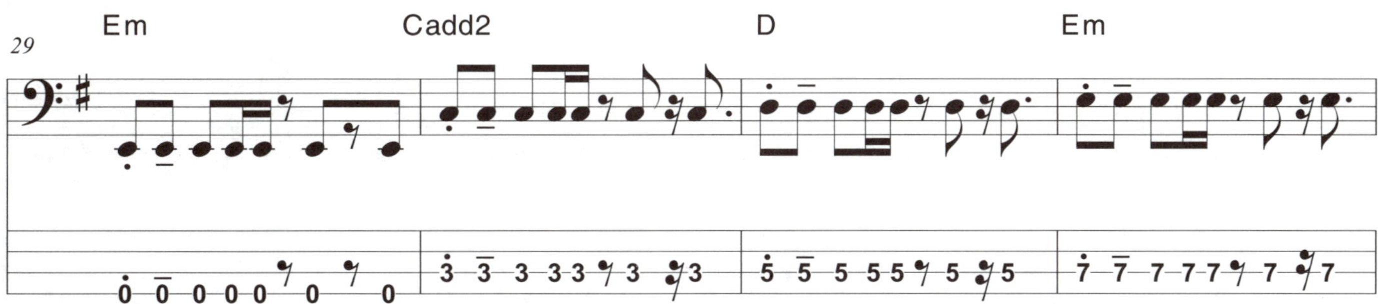
29
Em
Cadd2
D
Em
0 0 0 0 0 0 0
3 3 3 3 3 3 3
5 5 5 5 5 5 5
7 7 7 7 7 7 7

Chorus 2

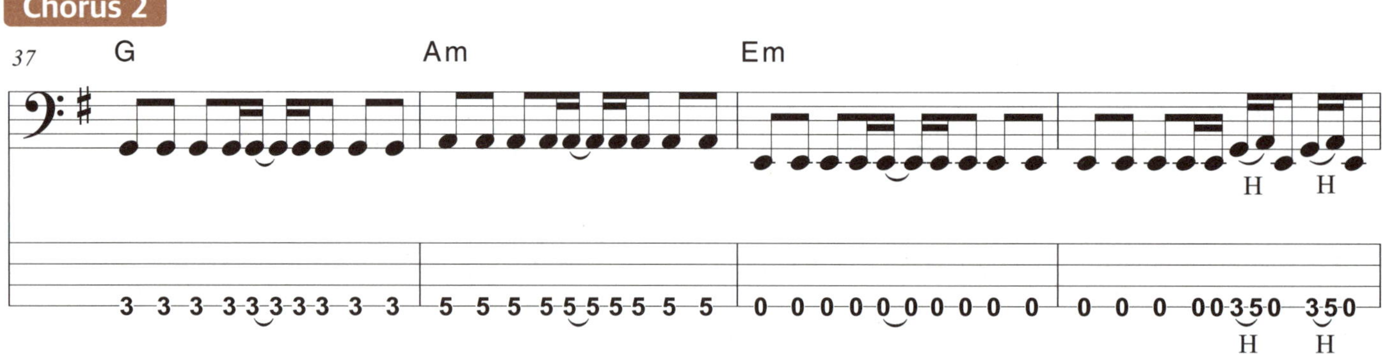

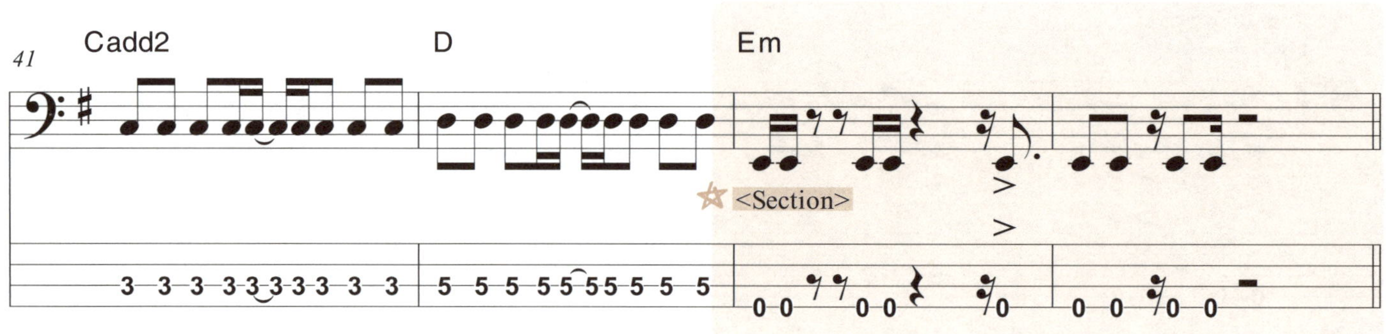

Ending

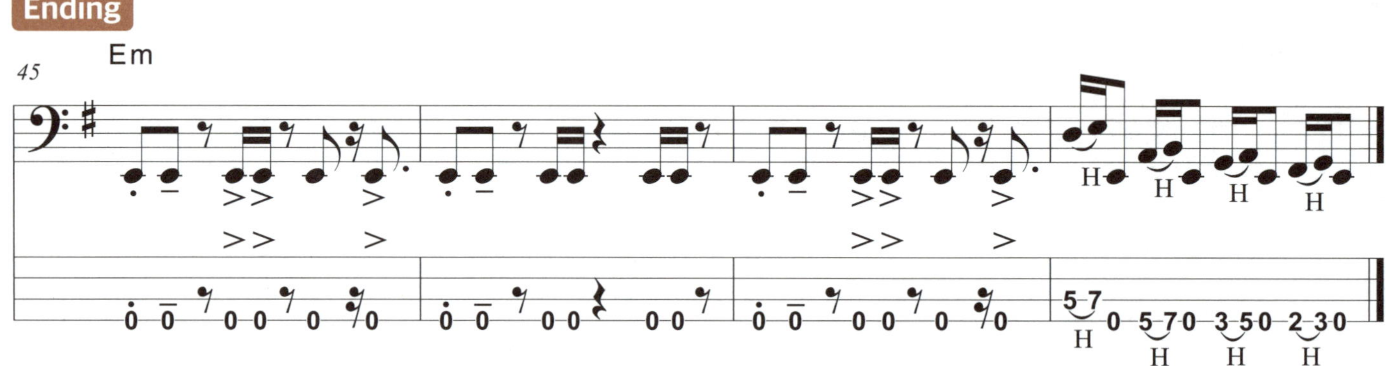

116

Funk Rock in Em

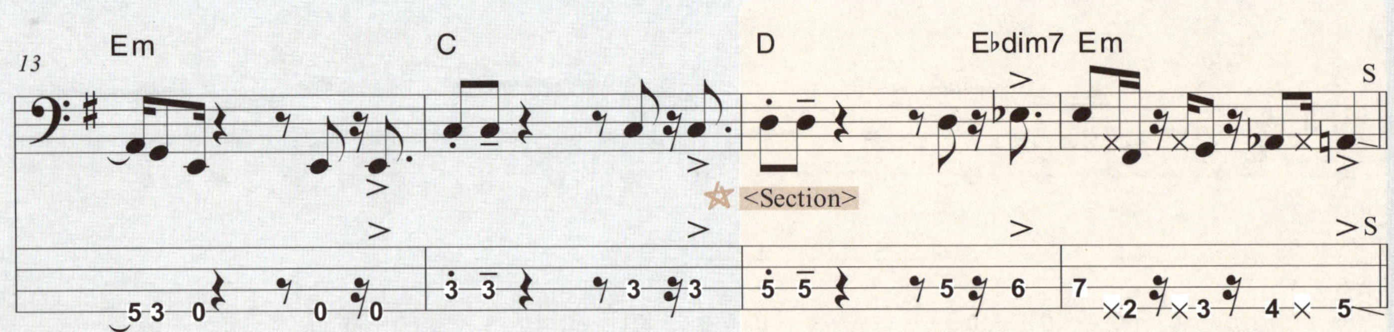

Chorus 1

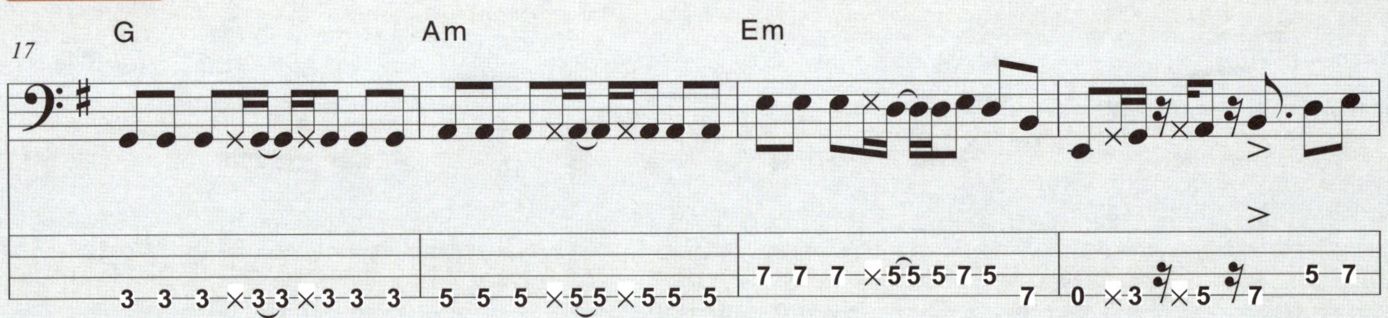

Interlude

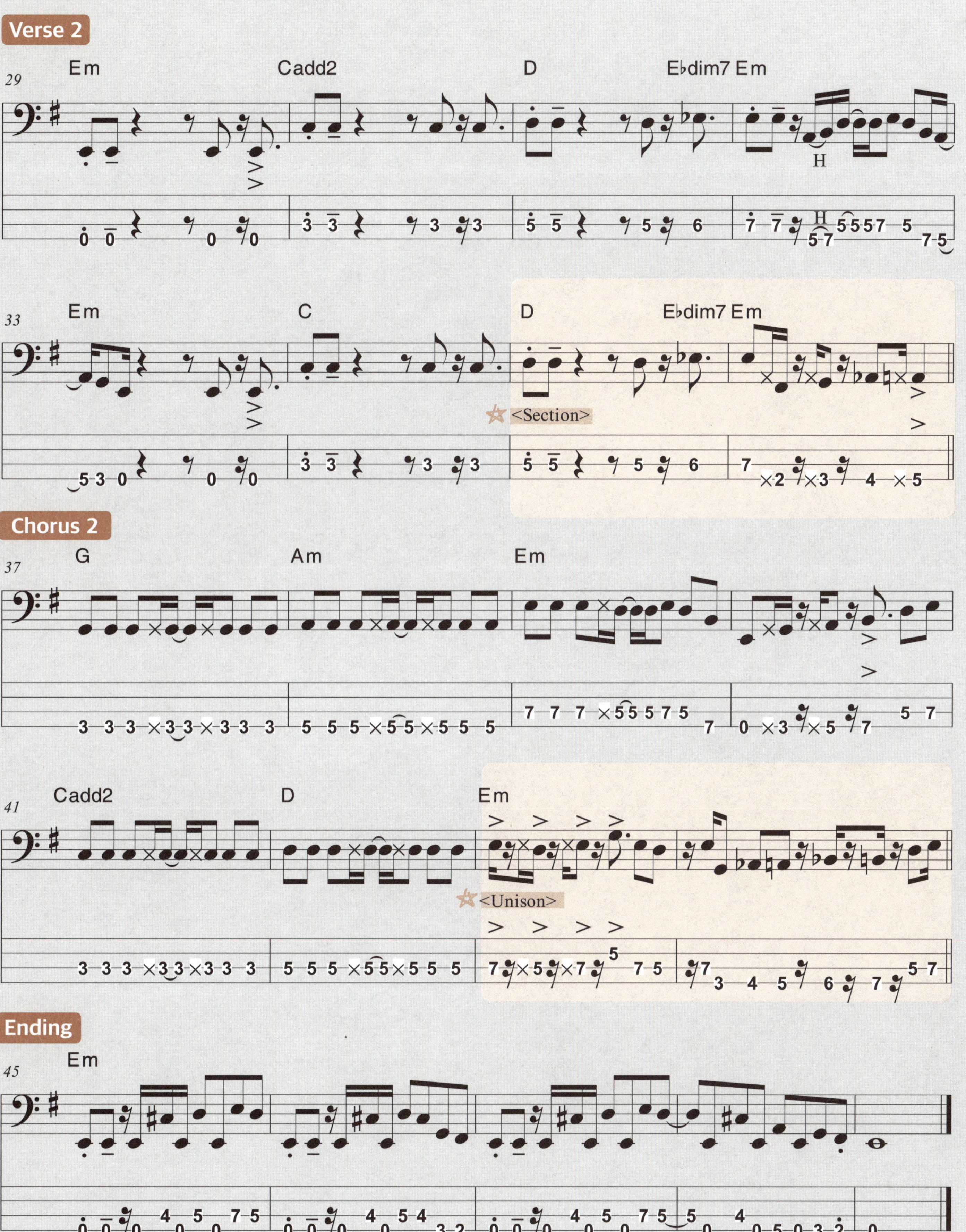

Verse 2
Em   Cadd2   D   E♭dim7 Em
H
Em   C   D   E♭dim7 Em
☆ <Section>
Chorus 2
G   Am   Em
Cadd2   D   Em
☆ <Unison>
Ending
Em

R&B in D

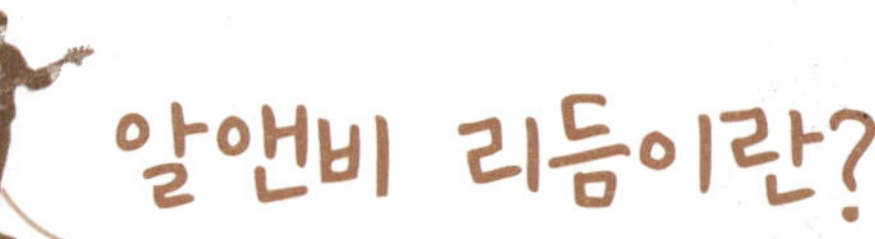

알앤비 리듬이란?

1940년대 아프리카계 미국인 커뮤니티에서 시작된 대중 음악 장르입니다. 1950년대부터 1970년대까지의 리듬 앤 블루스 음악에서 밴드는 일반적으로 피아노, 1~2대의 기타, 베이스, 드럼, 1대 이상의 색소폰, 때로는 코러스 보컬로 구성되었습니다. 리듬 앤 블루스라는 용어는 의미가 여러 번 바뀌었습니다. 1950년대 초반에는 블루스 음악에 가까웠고, 1950년대 중반부터는 로큰롤의 발전에 기여한 후 R&B라는 용어는 가스펠 및 소울 음악뿐만 아니라 일렉트릭 블루스를 포함하여 발전한 음악 스타일을 가리키는 데 사용되었습니다. 1980년대 후반에 새로운 스타일의 R&B가 개발되어 컨템포러리 R&B로 알려지게 되었습니다. 리듬과 블루스를 팝, 소울, 펑크, 디스코, 힙합, 일렉트로닉 음악의 요소와 결합하면서 리드미컬한 베이스 라인이 특징이라고 할 수 있습니다.

기본적인 알앤비 베이스 패턴

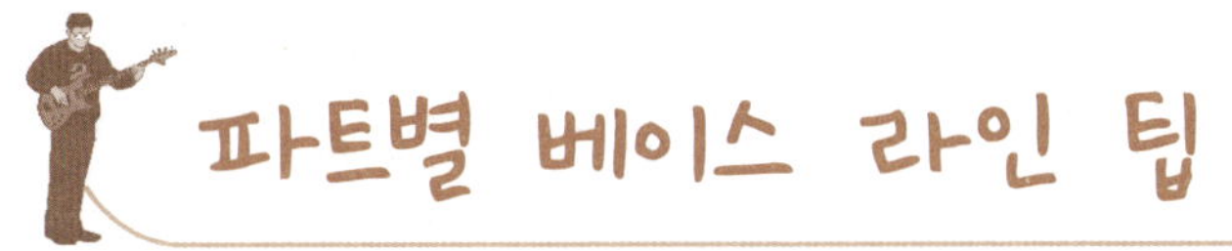

전주(Intro) 점8분쉼표와 8분쉼표를 정확하게 연주하는 것이 중요합니다. 8마디 섹션을 잘 지켜 연주합니다.

Intro

벌스 1(Verse 1) 첫 번째 박자 16분음표를 베이스 드럼과 맞춰서 연주하고, 8마디의 2분음표 후, 4분음표 스타카토, 레가토를 유의하여 연주합니다.

Verse 1

벌스 1에 사용했던 베이스 드럼 패턴을 코러스 1에서 바꿔 곡에 변화를 주었습니다. 마지막 박자 4분쉼표를 잘 지켜 연주합니다.

Chorus 1

16분음표 H(해머링 온)을 정확하게 연주합니다.

Interlude

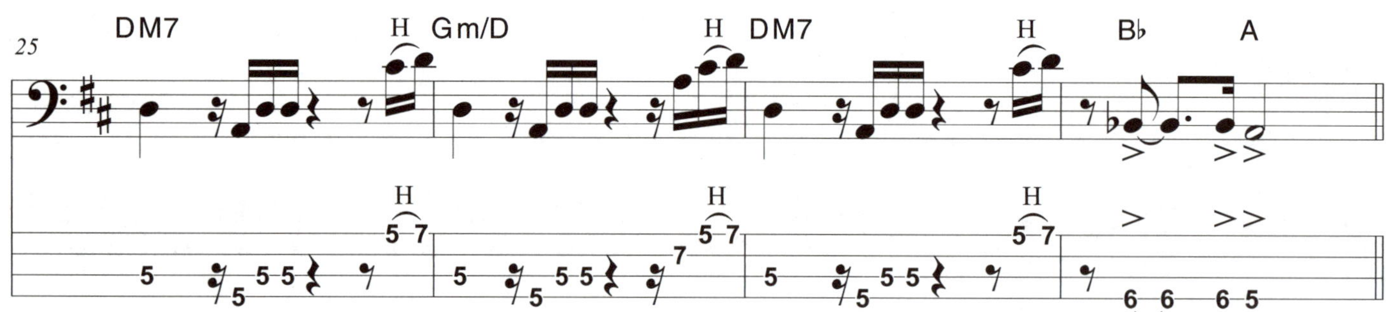

마디마다 있는 2박, 3박, 4박자를 흔들리지 않게 정확하게 연주합니다.

Verse 2

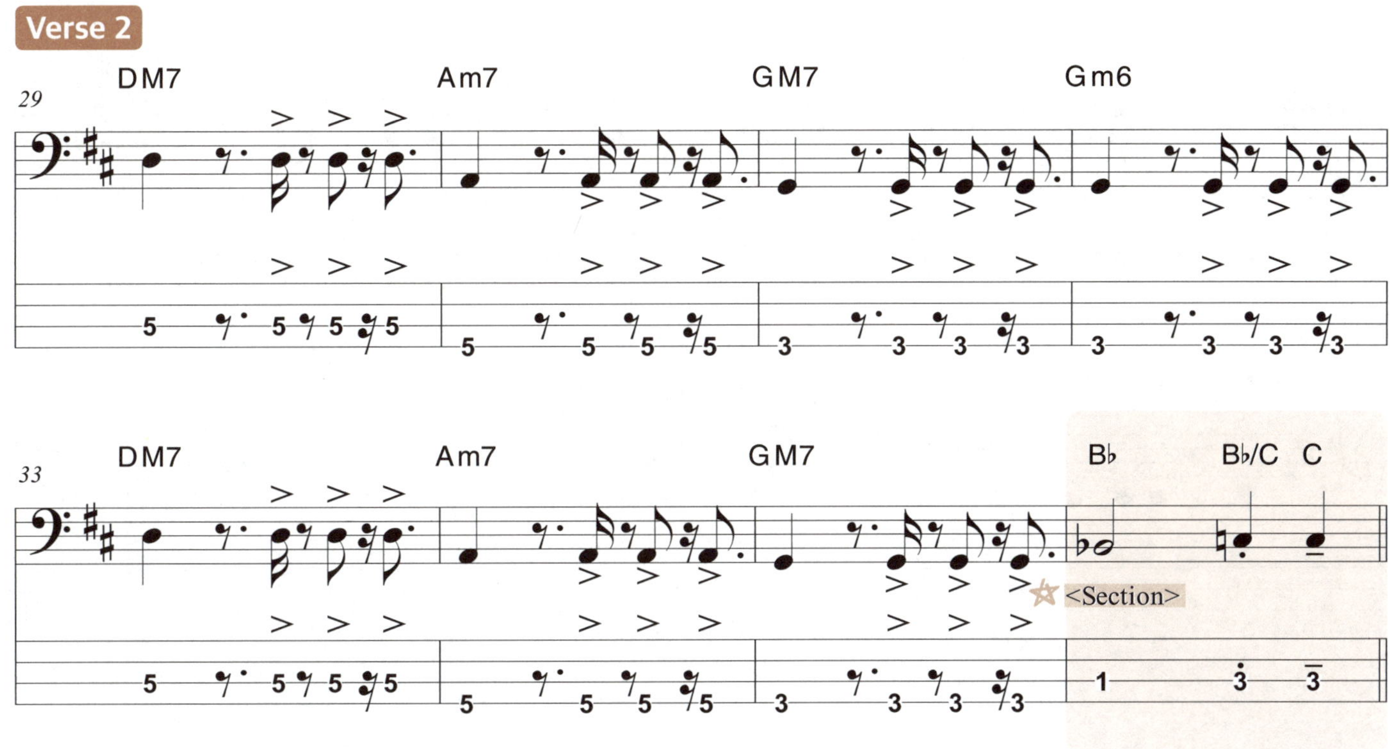

베이스 드럼과 베이스 라인을 함께 맞춰 연주합니다. 여기서 드럼은 첫 번째 박
자와 두 번째 박자 패턴만 연주합니다.

Chorus 2

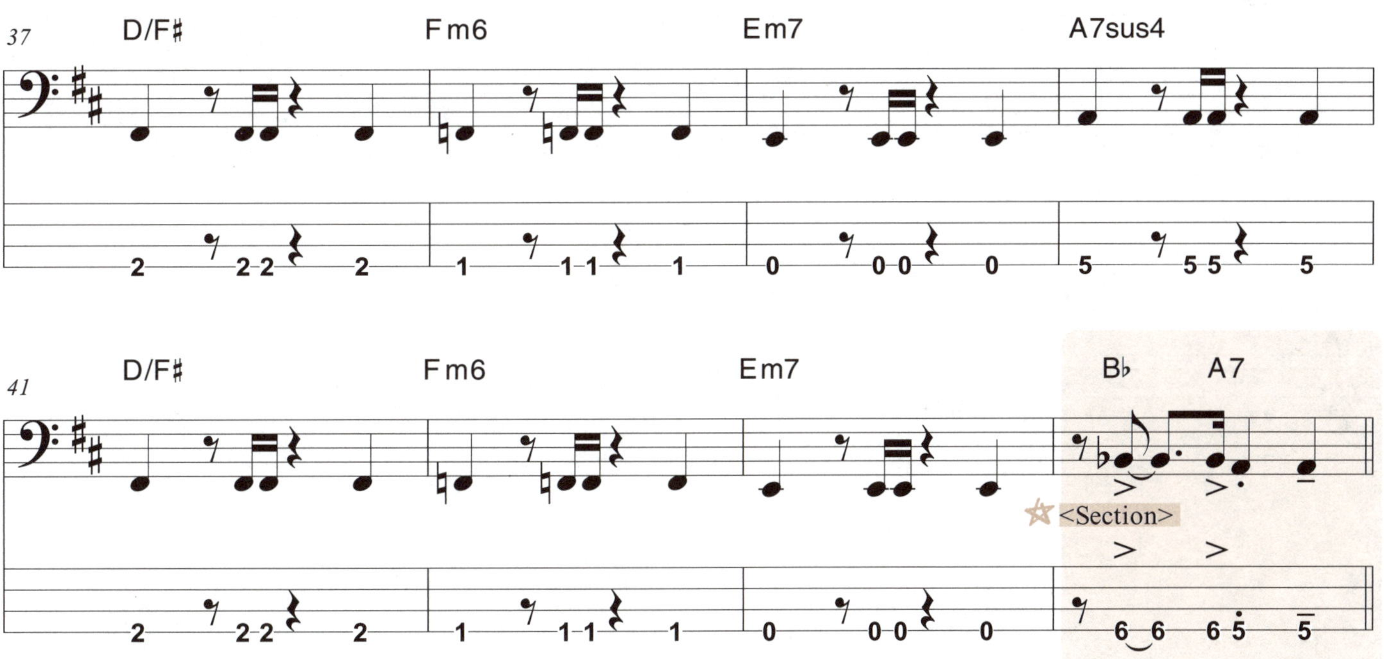

심플한 패턴으로 마무리하면서 7마디 온음표 한마디를 보내는 것과 9마디에도 동일하게 온음표로 마디를 끝까지 보내는 것에 주의하여 연주합니다.

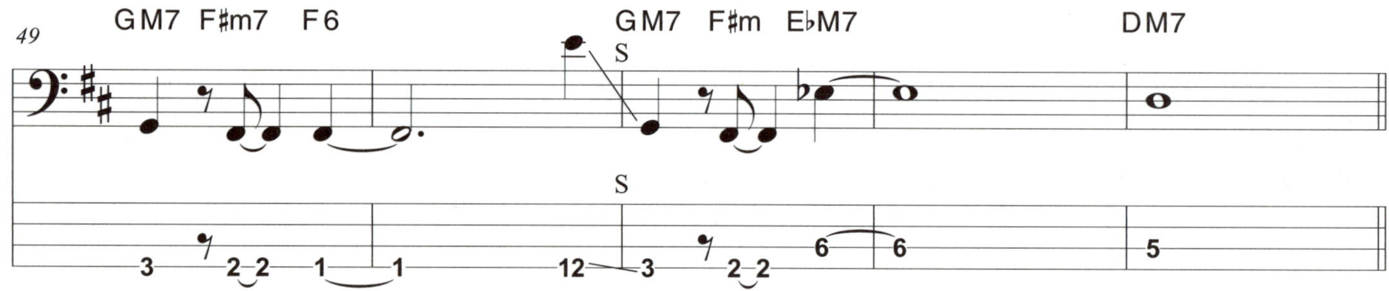

예제곡에서 사용되는 음계

Scale

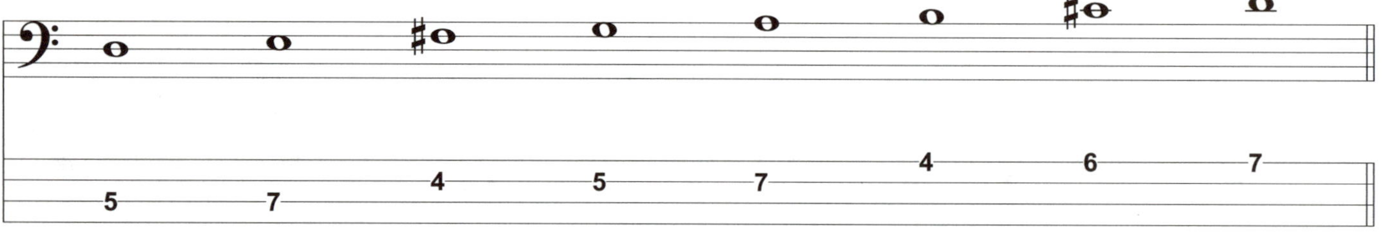

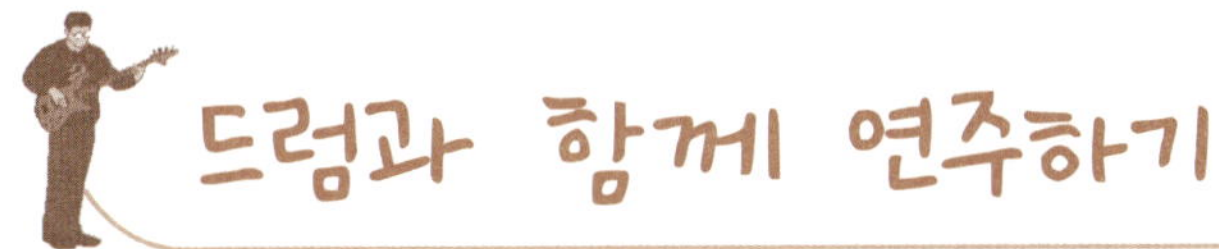

드럼과 함께 연주하기

Intro

Verse 1

Chorus 1

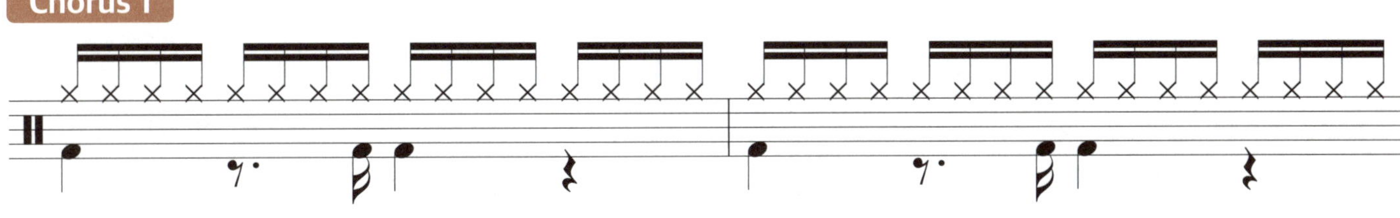

Interlude

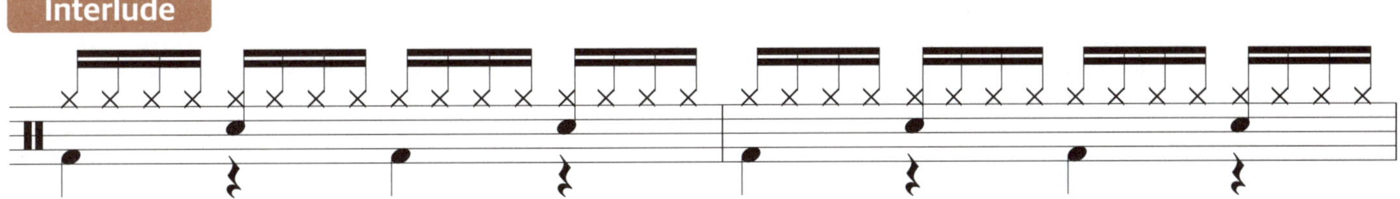

Verse 2

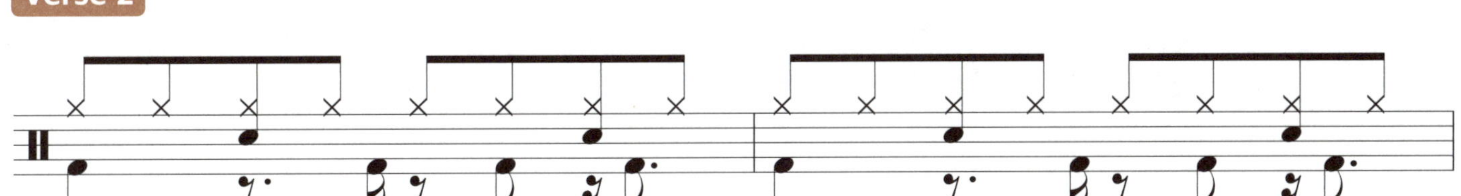

Chorus 2

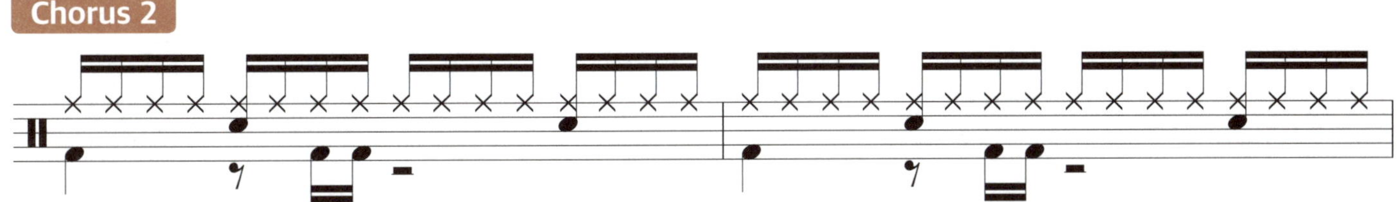

Ending

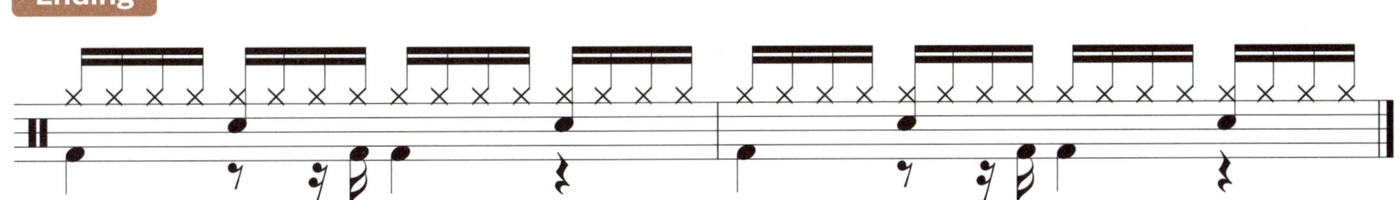

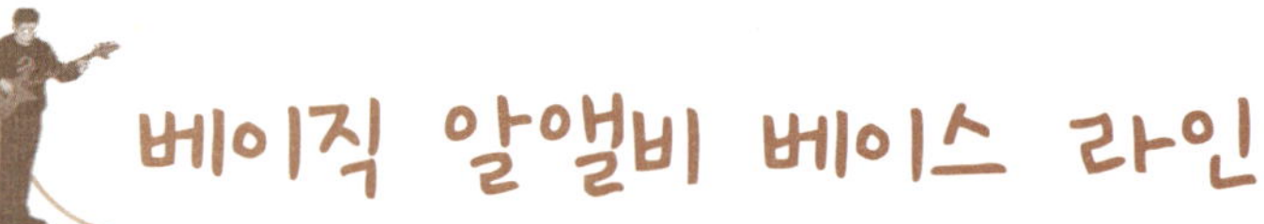

Basic R&B in D

Intro

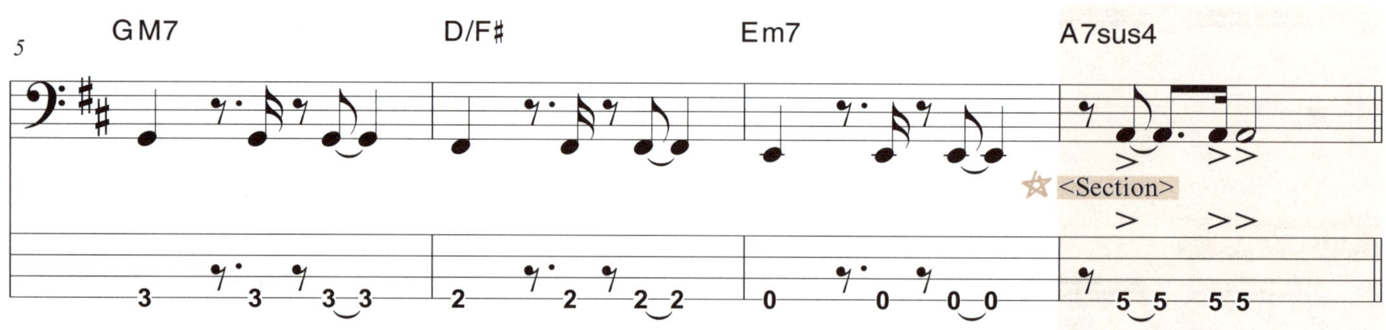

Verse 1

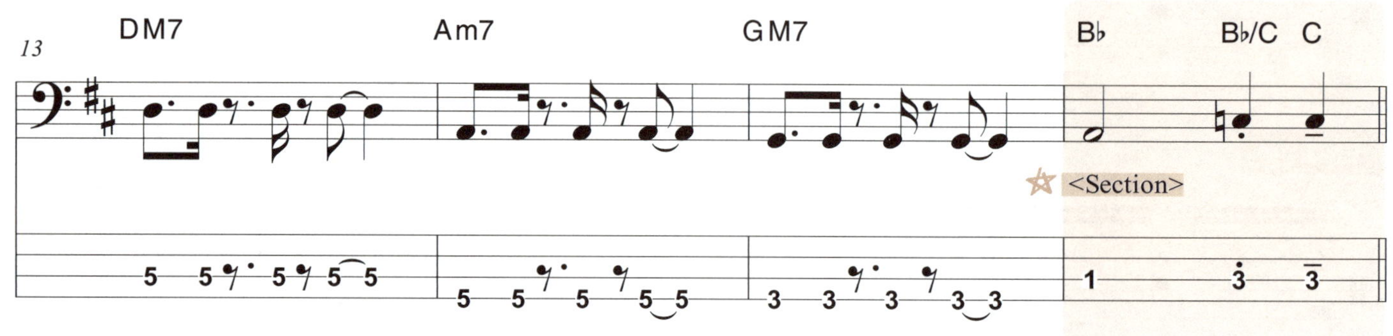

Chorus 1

17
D/F#
Fm6
Em7
A7sus4
2   2 2
1   1 1
0   0 0
5   5 5

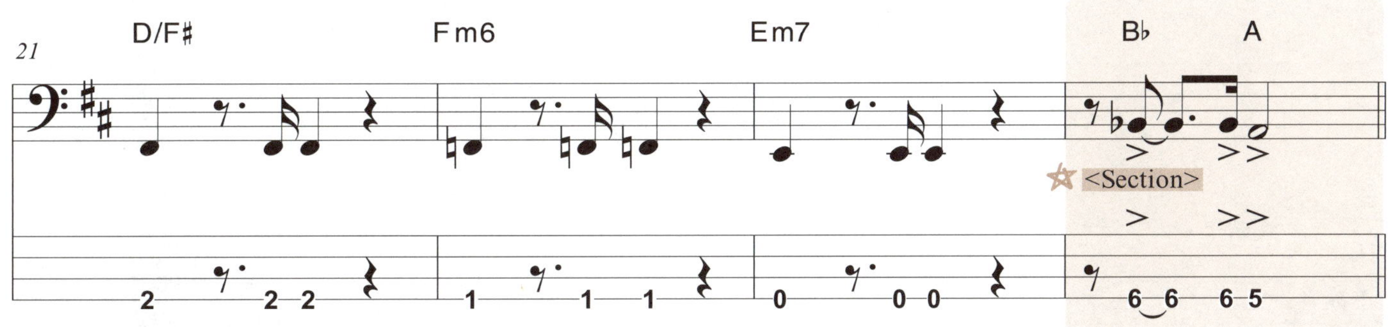
21
D/F#
Fm6
Em7
B♭   A
<Section>
2   2 2
1   1 1
0   0 0
6 6 6 5

Interlude

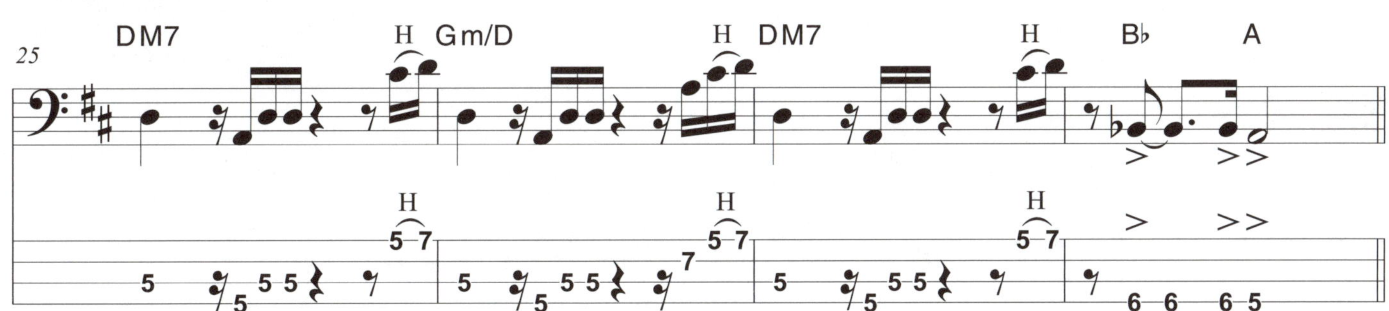
25
DM7
H Gm/D
H DM7
H B♭   A
H
5 7
5 7
5 7
5   7/5 5 5   7
5   7/5 5 5   7
5   7/5 5 5   7
6 6 6 5

Verse 2

29
DM7
Am7
GM7
Gm6
5   5 5 5/5
5   5 5 5/5
3   3 3 3/3
3   3 3 3/3

DM7
Am7
GM7
B♭
B♭/C C
☆ <Section>
Chorus 2
D/F♯
Fm6
Em7
A7sus4
D/F♯
Fm6
Em7
B♭
A7
☆ <Section>
Ending
DM7
Gm/B♭
D/A
E/G♯
GM7 F♯m7 F6
GM7 F♯m E♭M7
DM7
S

R&B in D

Intro

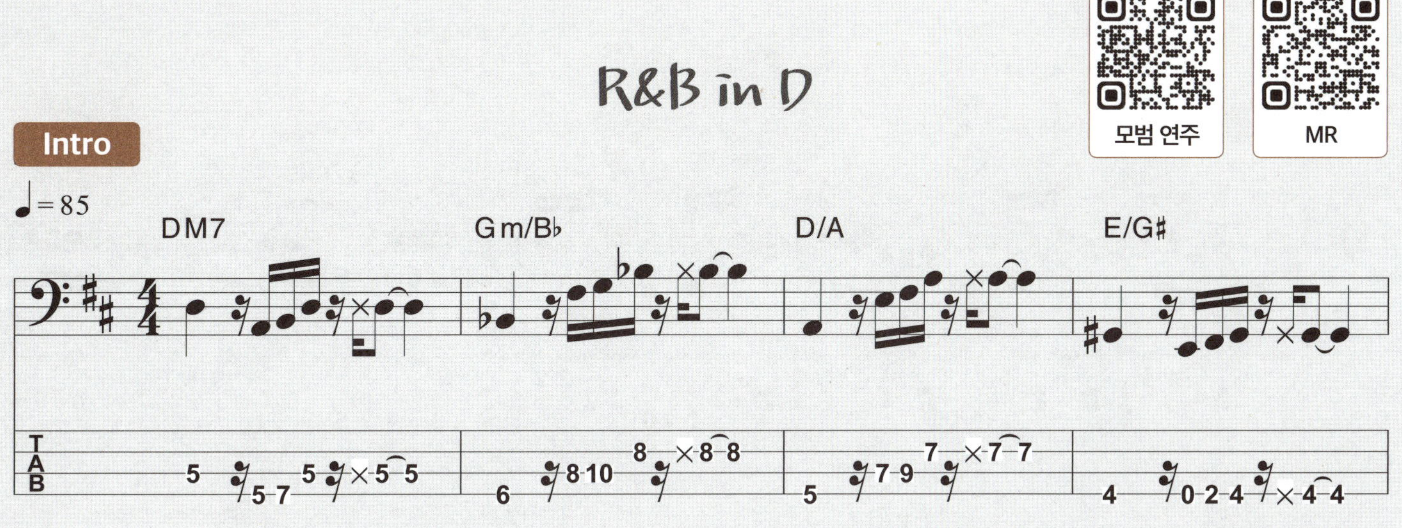

Verse 1

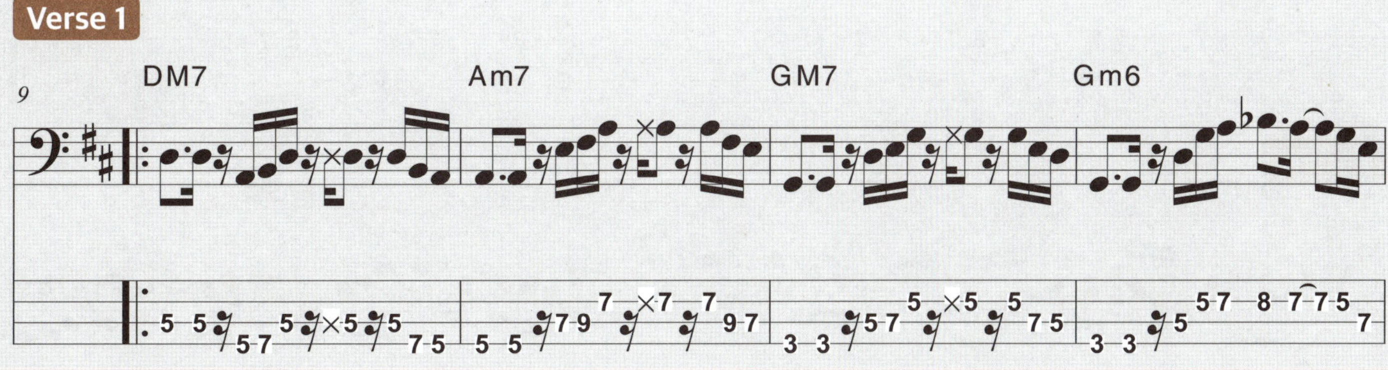

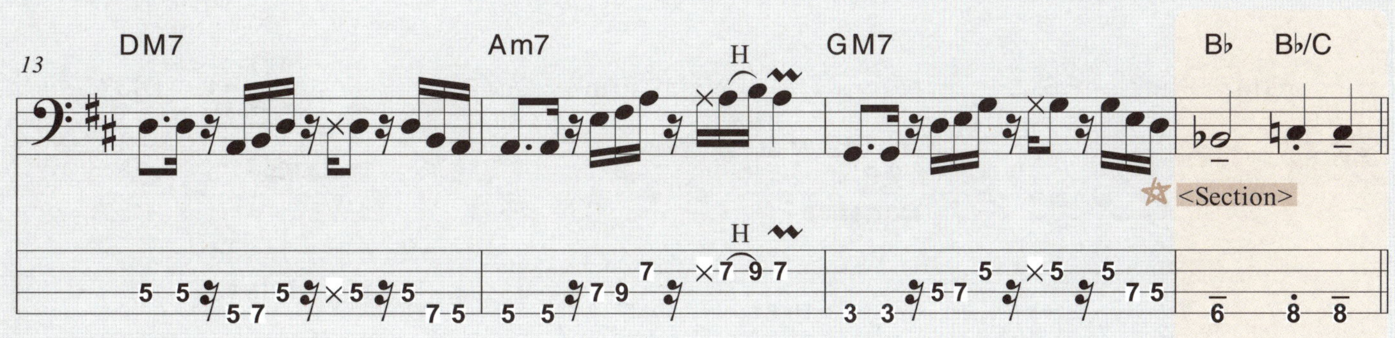

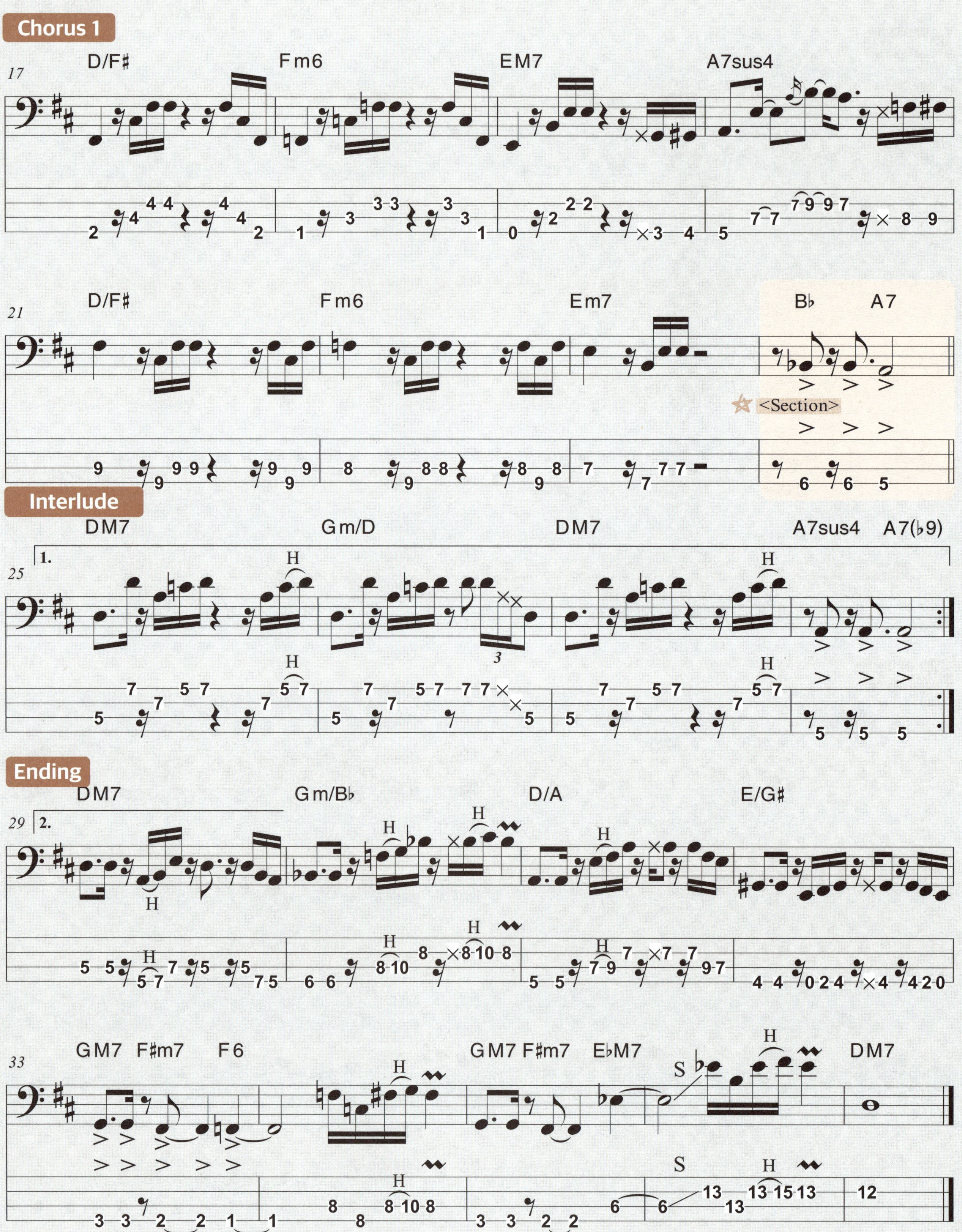
Chorus 1
17
D/F#   Fm6   EM7   A7sus4
21
D/F#   Fm6   Em7   B♭   A7
☆ <Section>
Interlude
DM7   Gm/D   DM7   A7sus4   A7(♭9)
1.
25
Ending
DM7   Gm/B♭   D/A   E/G#
29   2.
33
GM7   F#m7   F6   GM7 F#m7   E♭M7   DM7

POP Ballad in G

팝 발라드 리듬 Pop Ballad Rhythm

팝 발라드는 모든 대중 음악 장르에서 유행하는 슬로우 러브송Slow Love Song 형태로 록 발라드, 소울 발라드, 컨트리 발라드, 심지어 헤비메탈 발라드도 있습니다. 느린 템포의 감성적인 멜로디와 소울이 느껴지는 것이 특징이며, 대표적인 아티스트는 엘튼존Elton John과 같은 싱어송라이터, 록의 서정적인 느낌을 내는 빌리 조엘Billy Joel과 조지 마이클George Michael이 있습니다. 또한 여성 가수로는 휘트니 휴스턴Whitney Houston, 머라이어 캐리Mariah Carey, 셀린 디온Celine Dion이라고 할 수 있습니다. 팝 발라드에서 베이스는 톤과 배열이 중요하고, 5th와 8th를 사용하고, 본 교재에서는 코드톤 중심의 베이스 라인을 중점적으로 연주하였습니다.

기본적인 팝 발라드 베이스 패턴 Basic Pop Ballad Bass Pattern

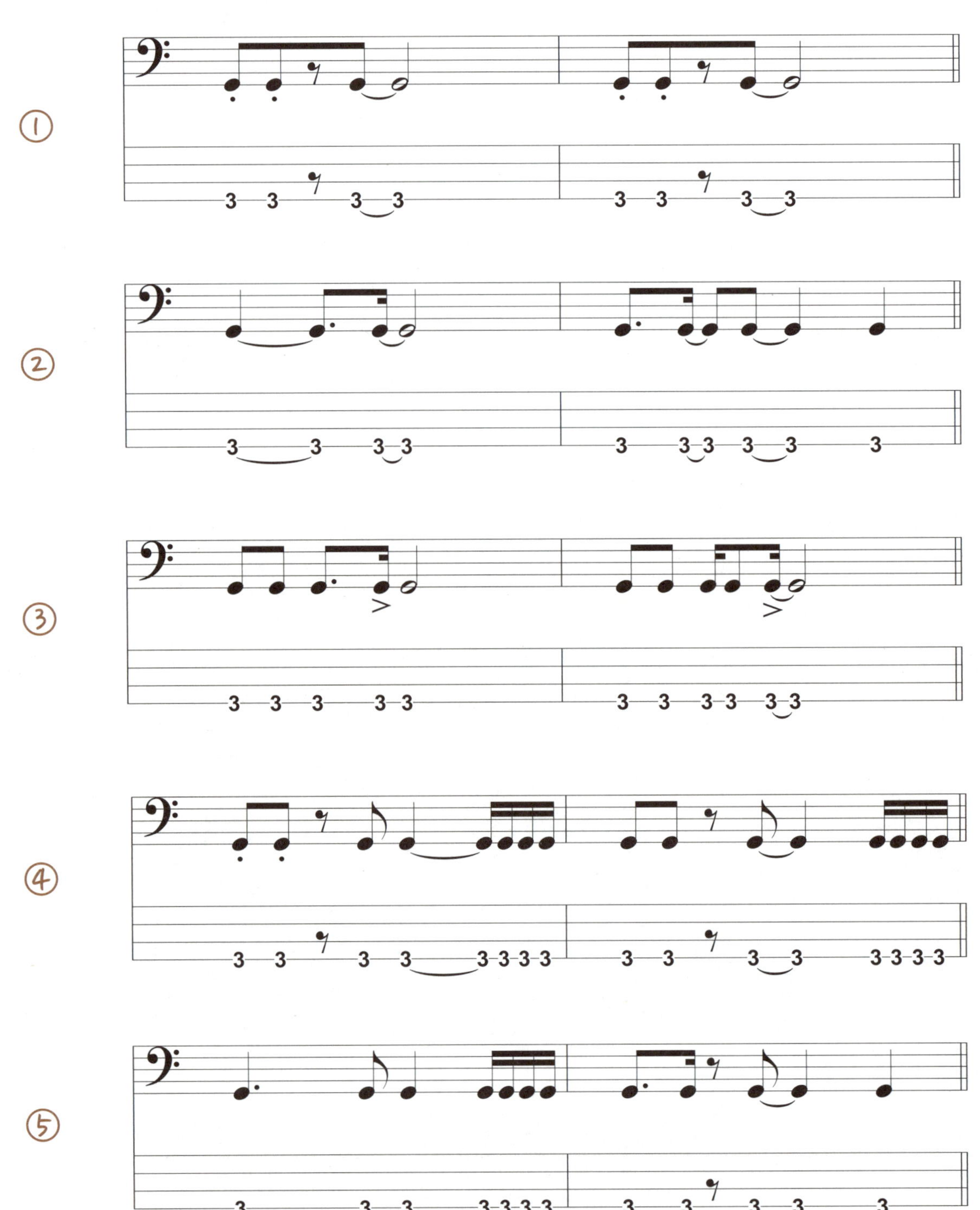

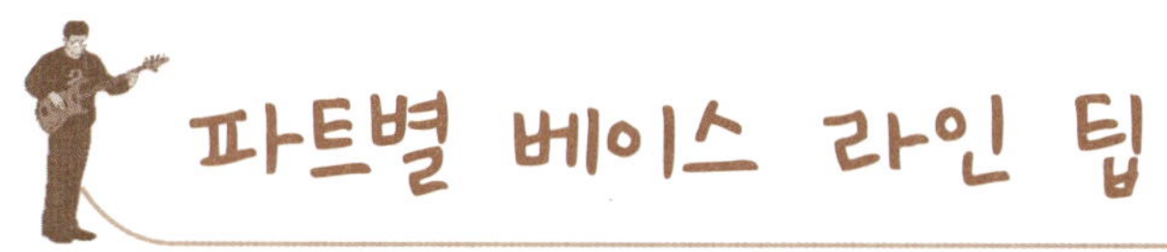

파트별 베이스 라인 팁

전주(Intro) 전주는 곡의 테마와 시작을 알리는 부분이기 때문에 긴장감 있게 연주했습니다. 3마디 부분에서 당김음을 연주하고, 스타카토와 8분쉼표를 잘 지켜 연주합니다. 또한 7~8마디 섹션을 유의하여 연주합니다.

Intro

벌스 1(Verse 1) 벌스 1은 곡의 도입부로 전주보다는 심플하게 연주했고, 13마디부터 나오는 16분음표를 지키면서 16마디 섹션을 유의하여 연주합니다.

Verse 1

코러스 1에서는 리듬 변화를 통해 긴장감을 주었으며, 20마디 섹션, 그리고 24마디 섹션을 통해 1절을 마무리했습니다. 브레이크 4분음표를 정확하게 연주합니다.

Chorus 1

간주에서는 이음줄과 당김음을 드럼과 한 호흡으로 연주하고, 하이 포지션 슬라이드를 잘 지켜 연주합니다.

Interlude

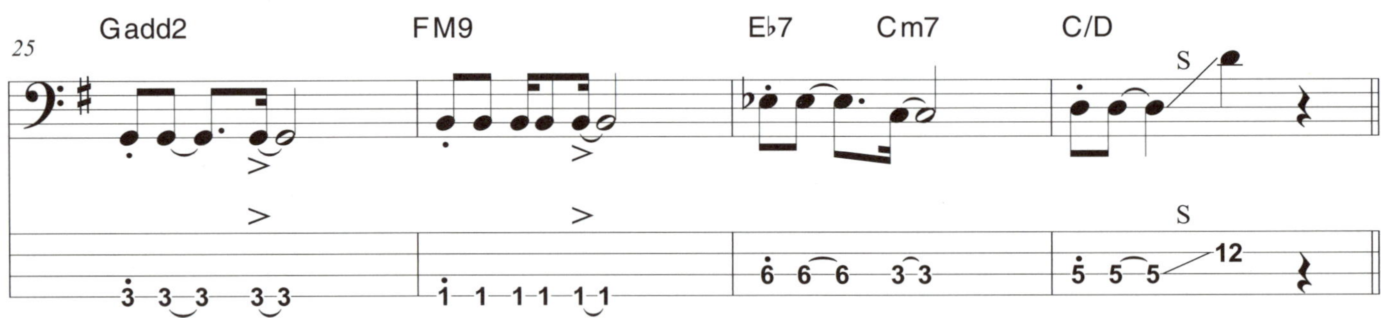

벌스 1과 동일하게 1/2박자 후 16분음표를 사용하면서 베이스 라인을 만들고 있습니다. 경과음을 통해 자연스럽게 코드와 코드 사이를 연결해서 연주합니다. 36마디 섹션을 잘 지켜 연주합니다.

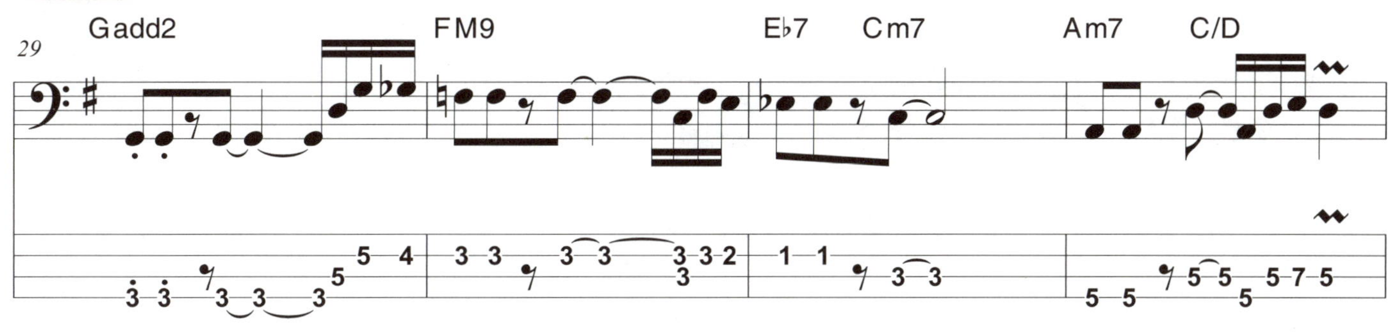

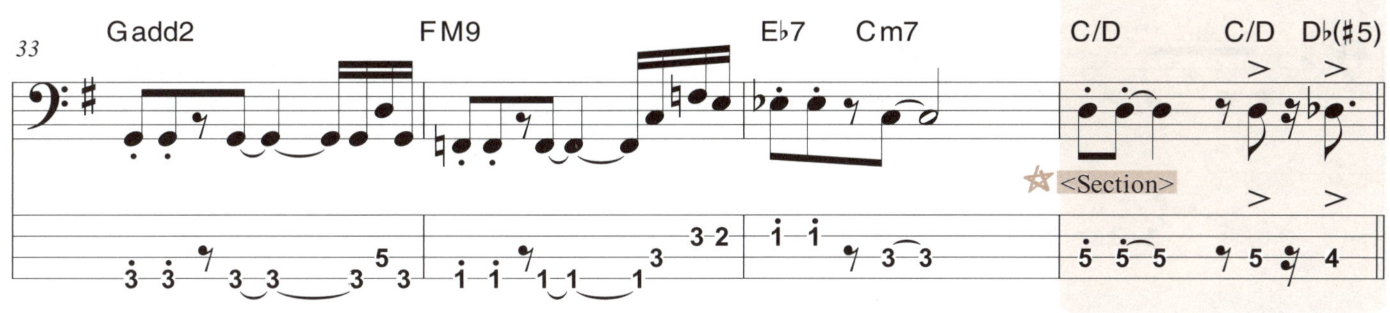

코러스 1과 다르게 곡의 진행을 위해 코러스 2에서 리듬 변화를 주면서 경과음을 사용했습니다. 40마디에 섹션을 통해 긴장감을 주고, 다시 44마디 섹션 연주 후 세 번째 박자에서 브레이크를 8분음표로 바꾸면서 코러스 1과 다르게 변화를 주었습니다.

곡의 마지막을 장식하는 부분이라 전주와 동일한 베이스 라인을 사용한 후 펜타토닉 스케일과 해머링 온을 사용해서 긴장감을 주고 있습니다. 51마디 섹션 연주 후, 52마디 두 번째 박자에서 섹션 브레이크로 마무리했습니다.

Ending

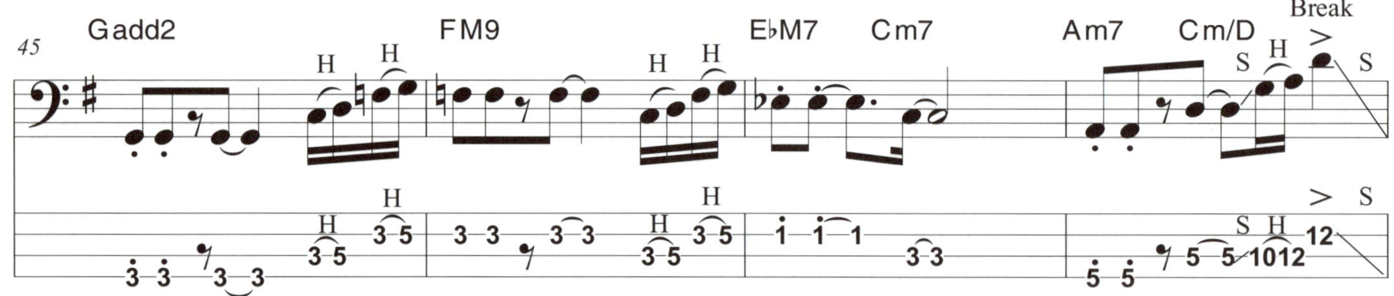

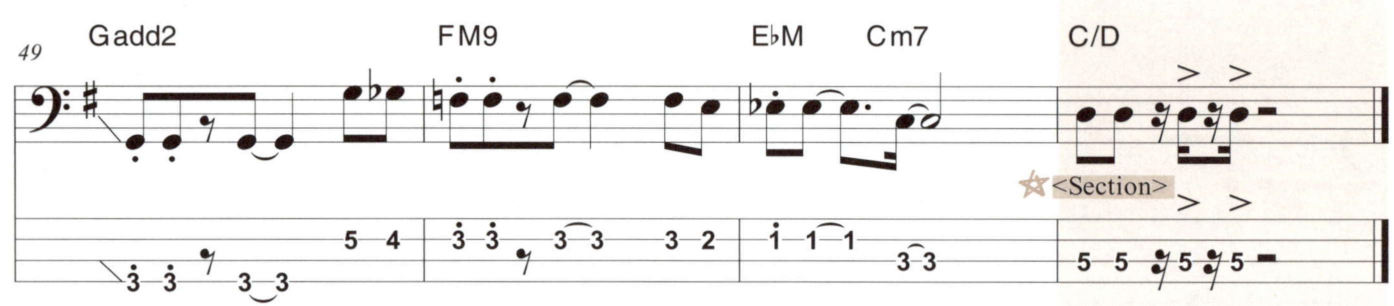

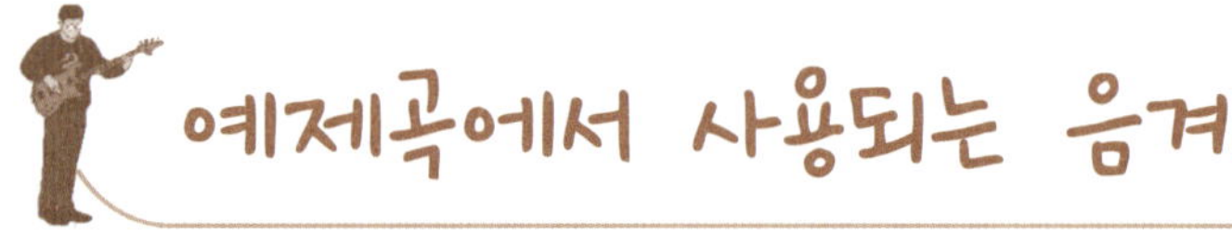

예제곡에서 사용되는 음계

Scale

G 메이저 스케일

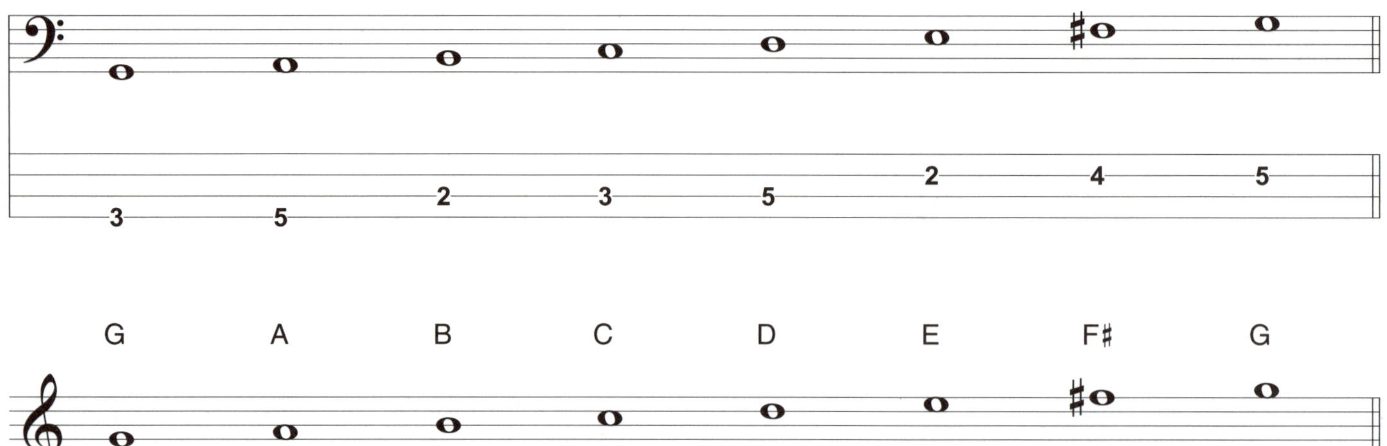

드럼과 함께 연주하기

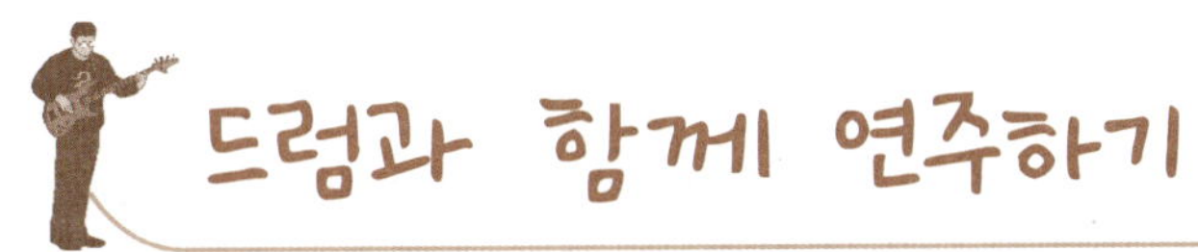

Intro **Verse 1** **Verse 2** **Ending**

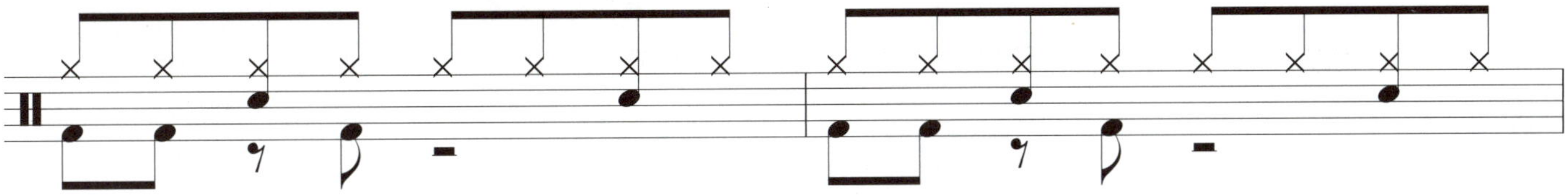

Chorus 1

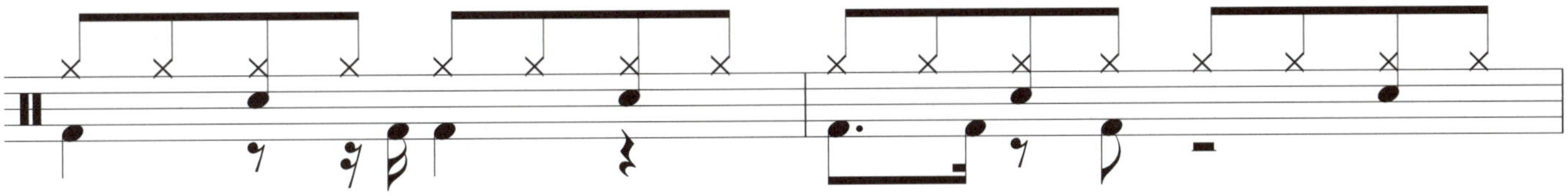

Interlude

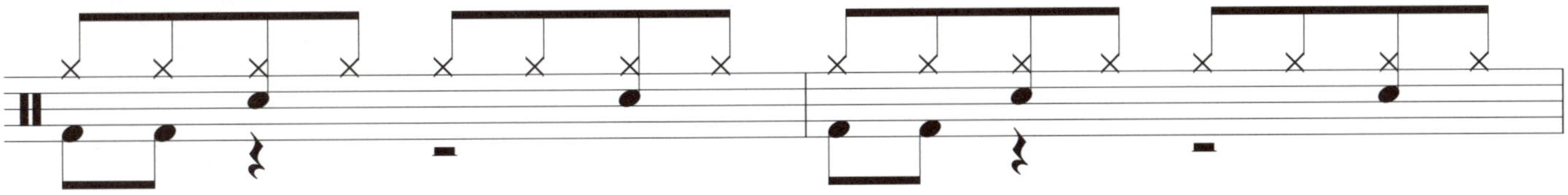

Chorus 2

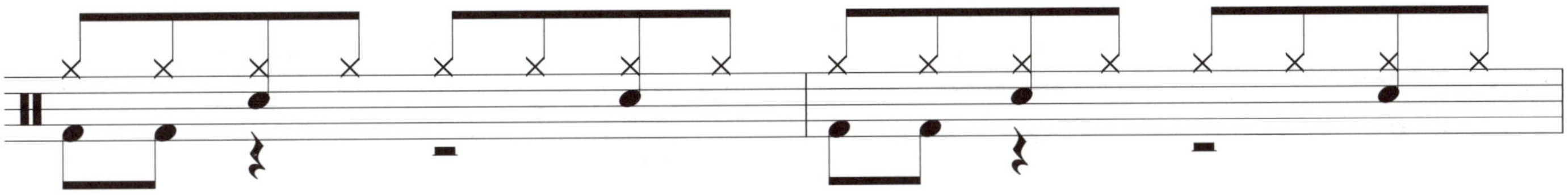

베이직 팝 발라드 베이스 라인

Basic Pop Ballad in G

Intro

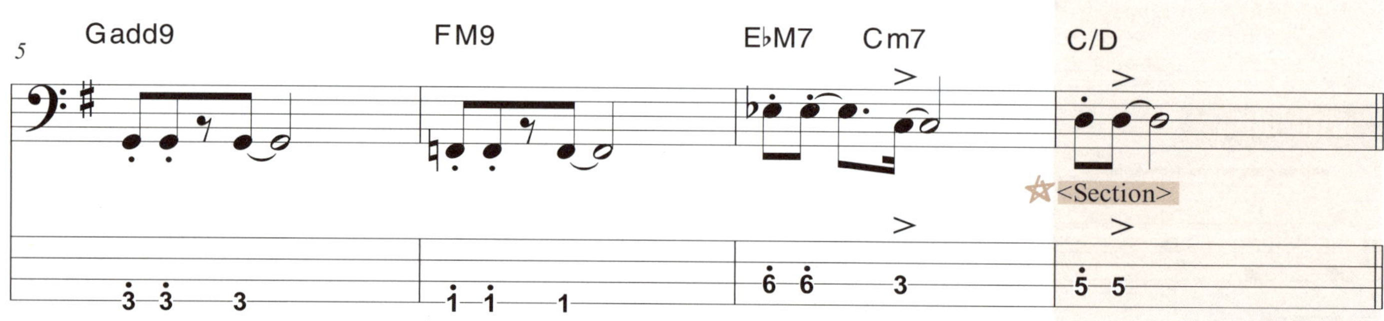

Verse 1

Chorus 1

Interlude

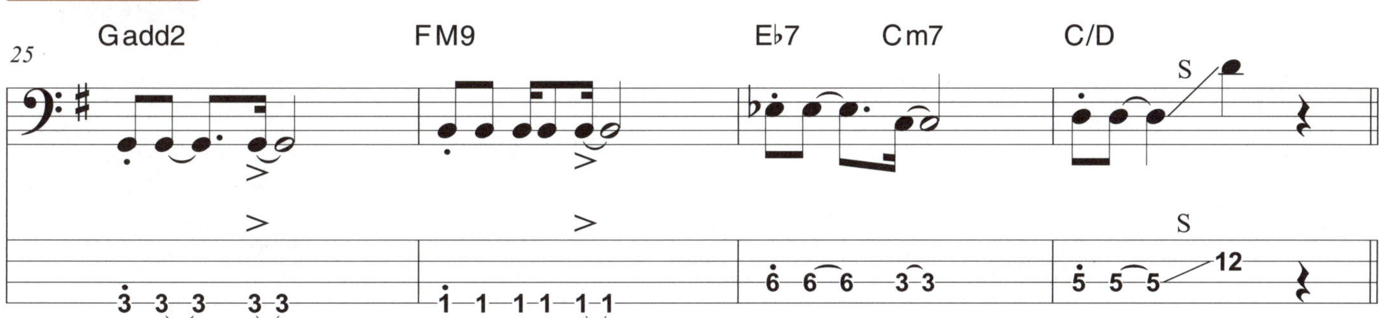

Verse 2

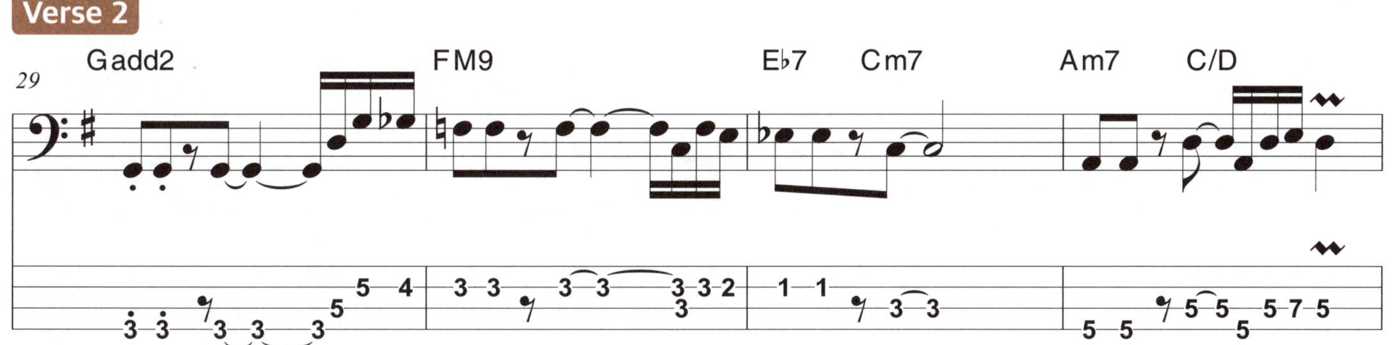

33
Gadd2
FM9
E♭7 Cm7
C/D
C/D D♭(♯5)
☆ <Section>
Chorus 2
37
CM7 Cm7 Bm7 E7 E7/G♯ Am7 F♯m7 B7 EM D♯dim D♭7(♯5)
☆ <Section>
41
CM7 Cm7 Bm7 E7 E7/G♯ Am7 Bm7 EM D
Break
☆ <Section>
Ending
45
Gadd2 FM9 E♭M7 Cm7 Am7 Cm/D
Break
49
Gadd2 FM9 E♭M Cm7 C/D
☆ <Section>

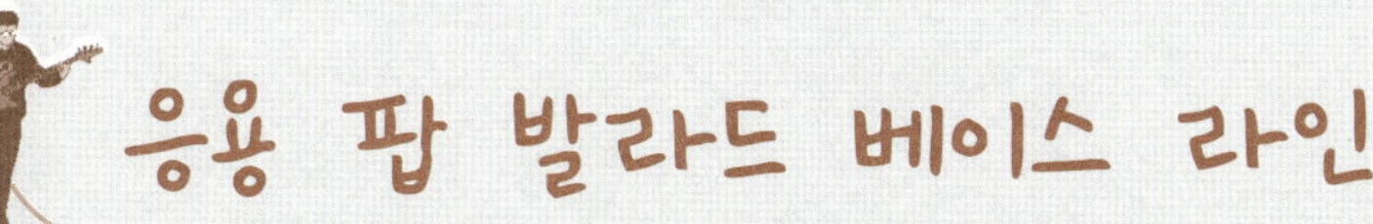

Pop Ballad in G

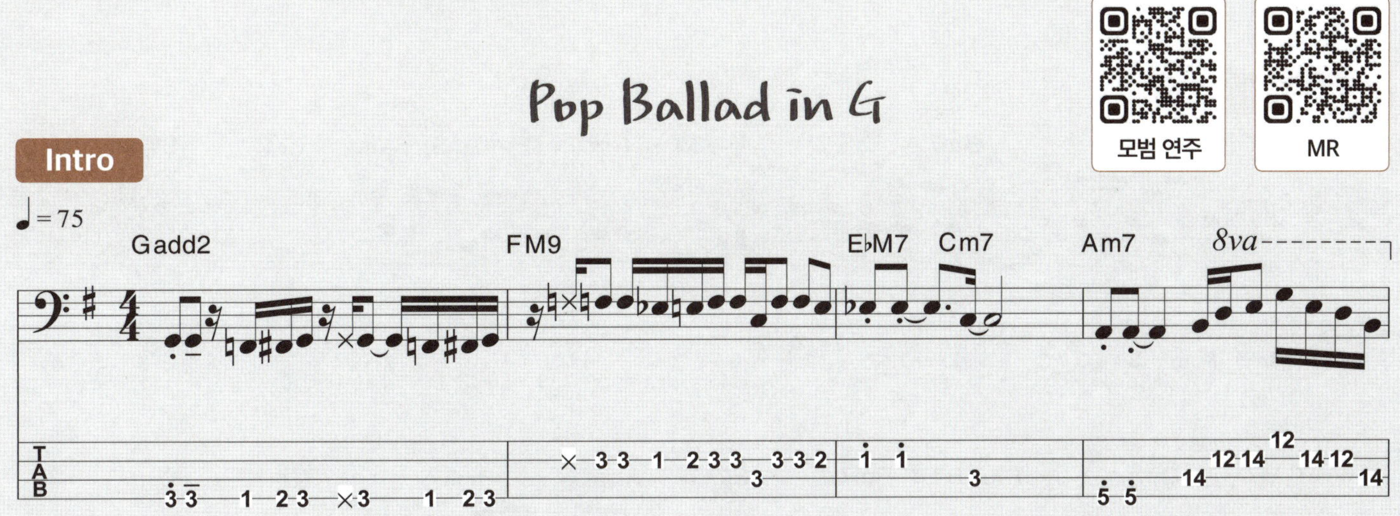

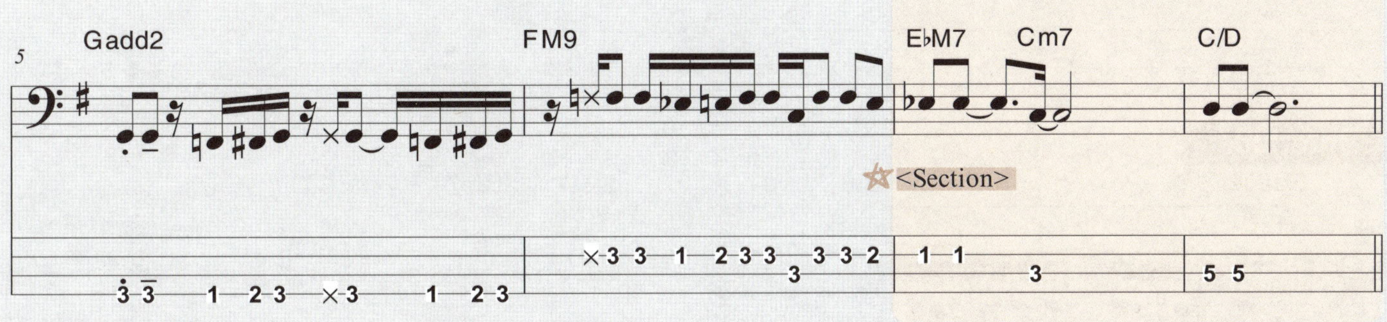

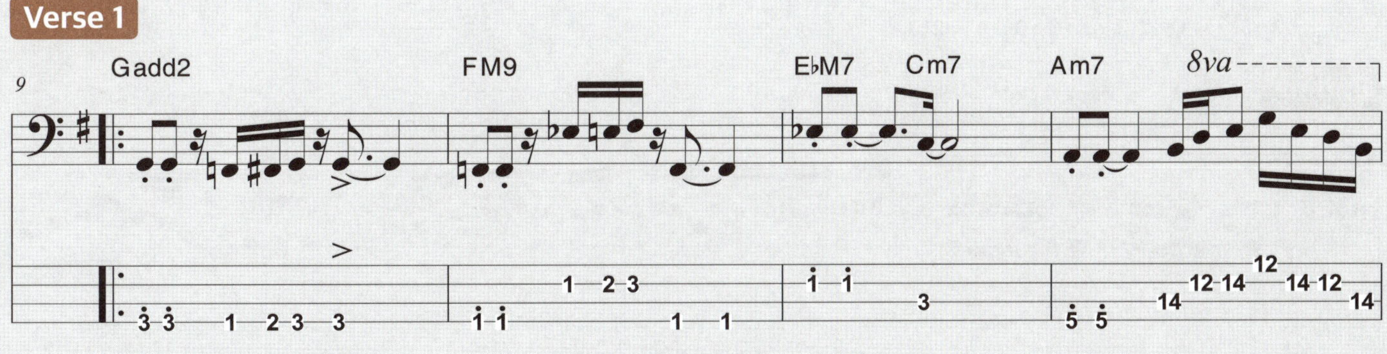

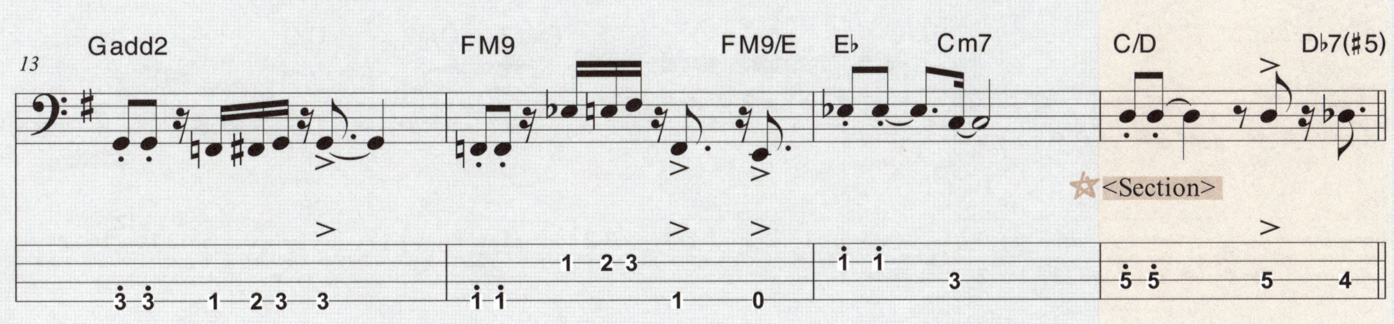

Chorus
CM7 Cm Bm7 E7 E7/G# Am7 F#m7(#5) Balt. EM D#dim Db7(#5)
CM7 Cm Bm7 B/D# Em7 E7/G# Am7 Bm7 Cm7 D
<Section> Break
Interlude
Gadd2 Bb6 EbM7 Cm7 C/D 8va
1.
Ending
Gadd2 FM9 EbM7 Cm7 Am7 8va
2.
Gadd2 FM9 EbM7 Cm7 C/D 8va

Song
11

12/8 In E

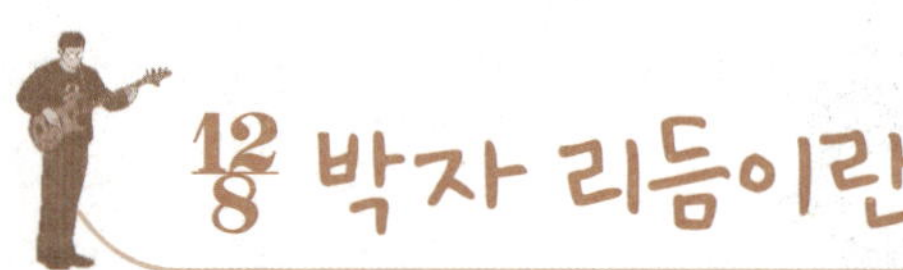

12/8 박자 리듬이란?

12/8은 대중음악에서 사용되는 흥미로운 박자라고 할 수 있습니다. 6/8박자가 2/4라면, 12/8는 4/4박자의 3연음을 사용하는 것입니다. 우리에게 익숙한 것은 Slow go go, Slow Rock이라는 표현입니다. 12/8박자는 4/4의 딱딱함을 깨고 각 소절에서 세 개의 비트로 대체하는 멋진 흐름을 가지고 있어 곡 전체 상황을 보다 유동적으로 만드는 데 도움이 됩니다. 발라드에서는 믿기지 않을 정도로 들리지만 중간 및 빠른 템포의 노래에서 멋진 그루브의 기초가 될 수도 있습니다. Michael Jackson – "The Way You Make Me Feel", Whitney Houston – "I Have Nothing", "Saving All My Love for You" 등 많은 아티스트들이 12/8박자를 통해 곡의 진행을 고조있게 만들었습니다.

기본적인 12/8 박자 베이스 패턴

Basic 12/8 Bass Pattern

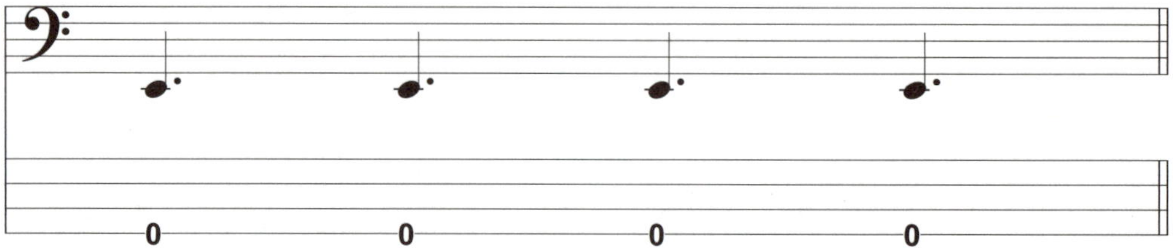

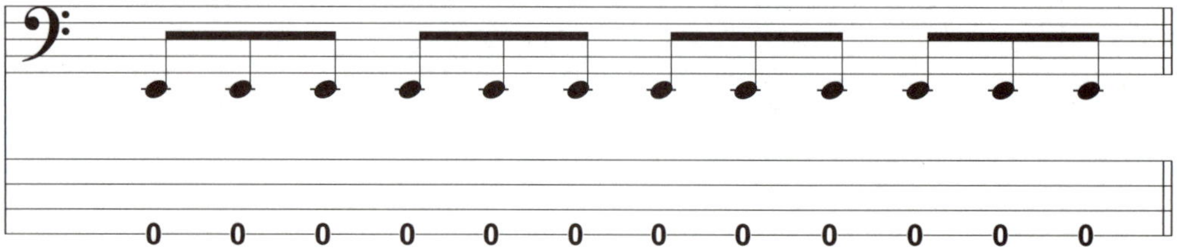

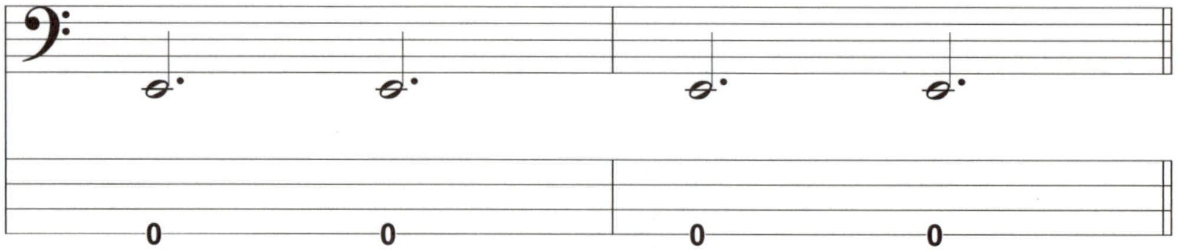

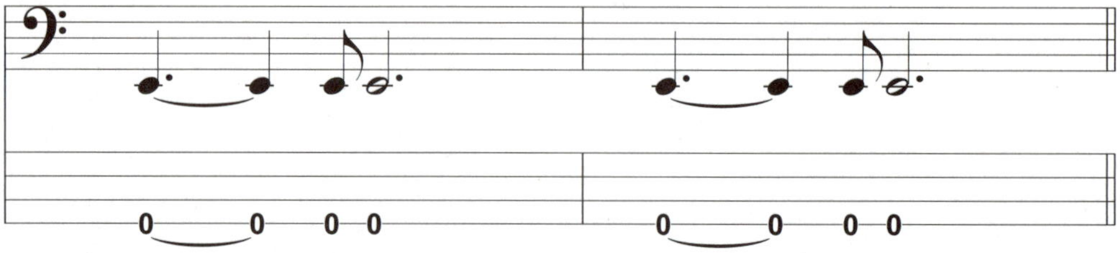

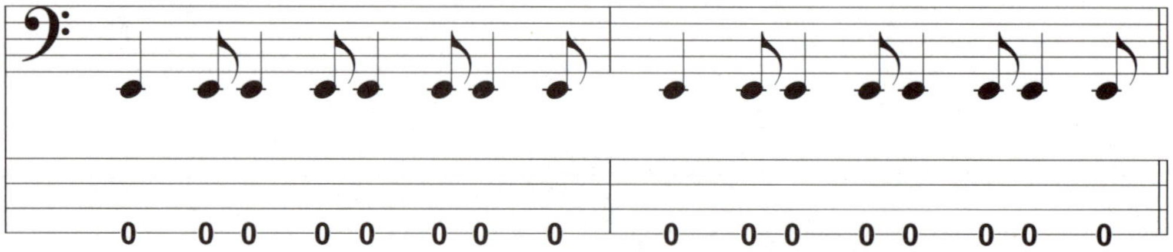

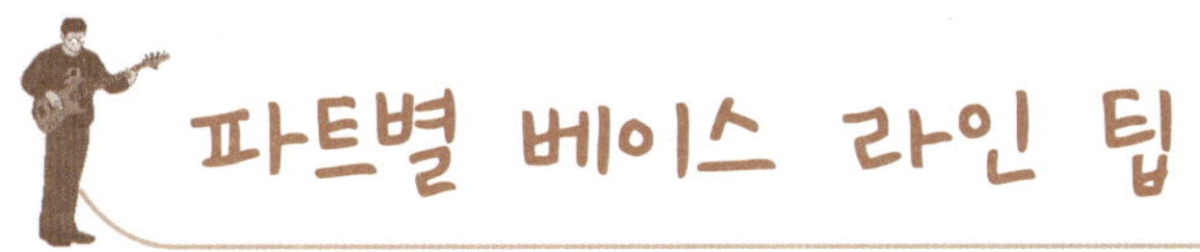

파트별 베이스 라인 팁

전주(Intro) 일반적으로 많이 사용하는 $\frac{12}{8}$ 박자 리듬으로 전주를 시작했습니다. 스타카토와 악센트를 잘 살려서 연주하고, 8마디 섹션을 잘 지켜 연주합니다.

벌스 1(Verse 1) 음 길이를 충분하게 사용해서 마디가 지나갈 때 부드럽게 연결되게 연주하고, 16마디 섹션과 함께 슬라이드를 유의하여 연주합니다.

 리듬 체인지를 통해 긴장감을 주면서 한 마디에 두 개의 코드가 나온 부분은 2박자씩 코드를 연주합니다.

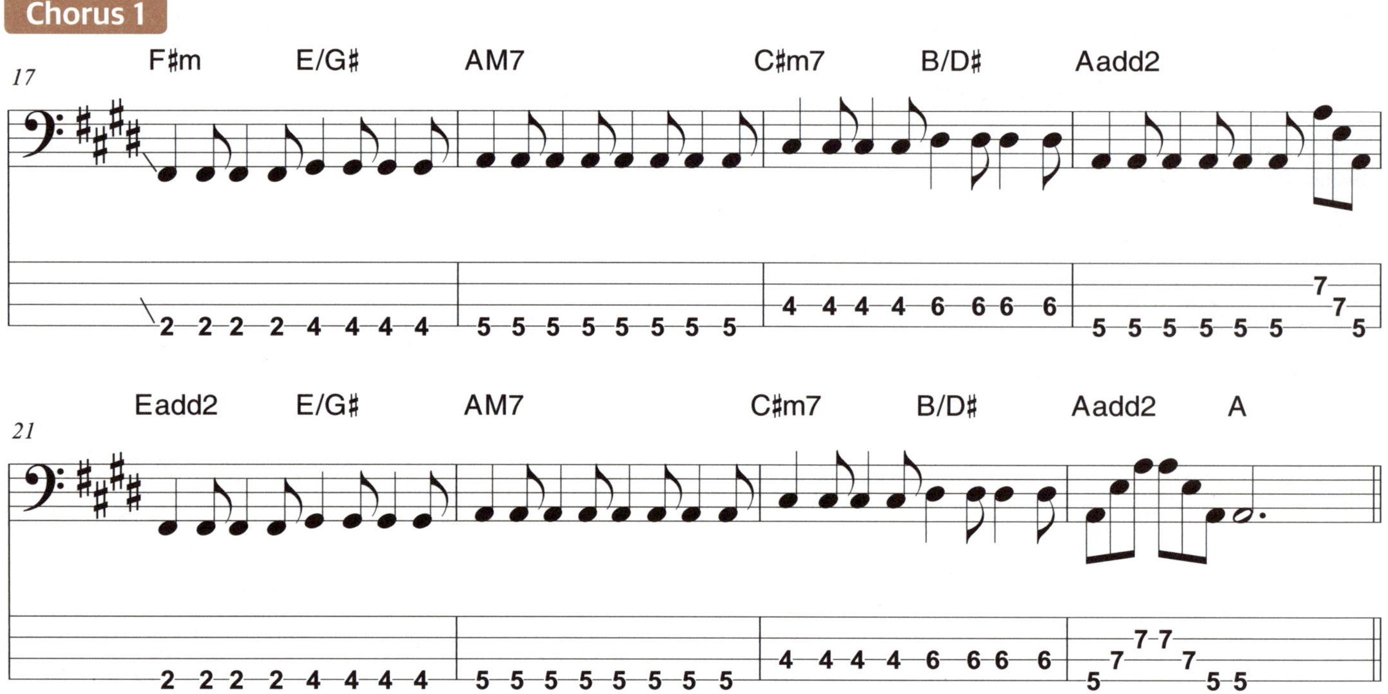

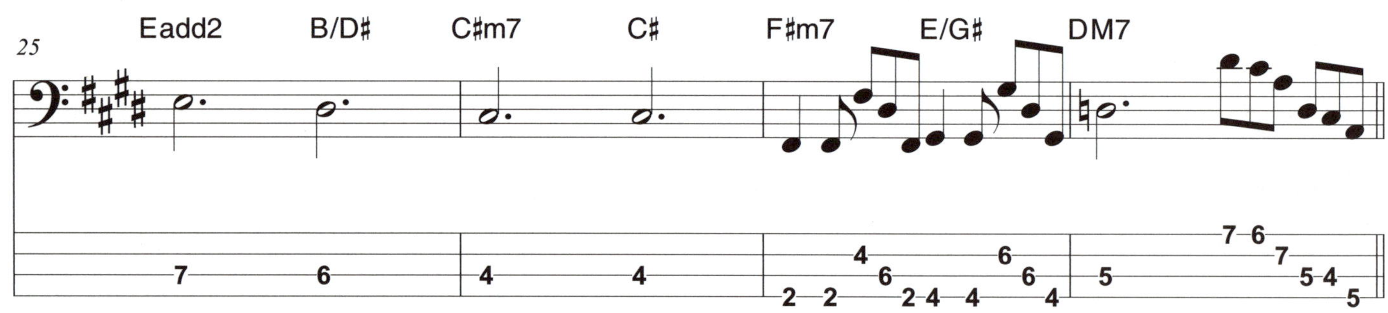

 코드 포지션 변화를 통해 같은 코드지만 다른 배열로 연주했고, 28마디에서 3박자/4박자의 베이스 라인 3연음은 옥타브 연주 시 연결되게 연주합니다.

벌스 1과 패턴 변화를 주면서 곡의 흐름과 맞춰 발전감 있는 베이스 라인을 만들었습니다. 주의할 부분이 있다면 옥타브를 사용한 베이스 라인은 왼손 손가락 음들을 연결해서 연주하고, 36마디 섹션을 잘 지켜 연주합니다.

코러스 2(Chorus 2)

스타카토를 지속적으로 유지하고, 42마디 스타카토 2박자, 레가토 2박자를 주의해서 연주합니다. 44마디 섹션 연주 후 2분음표 슬라이드 하이 포지션을 정확하게 지켜 연주합니다.

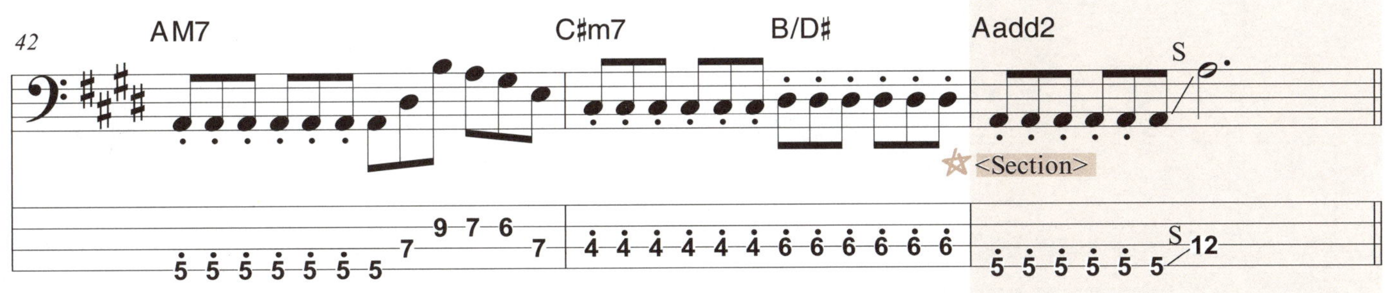

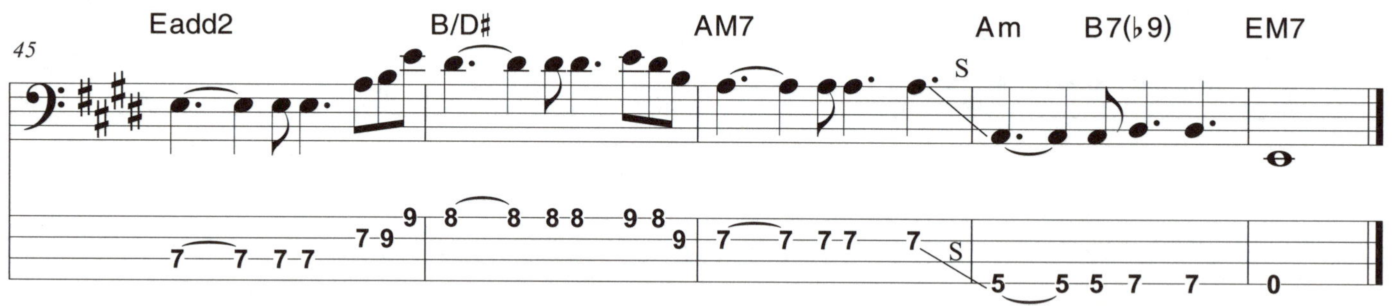

예제곡에서 사용되는 음계

Scale

E 메이저 펜타토닉 스케일

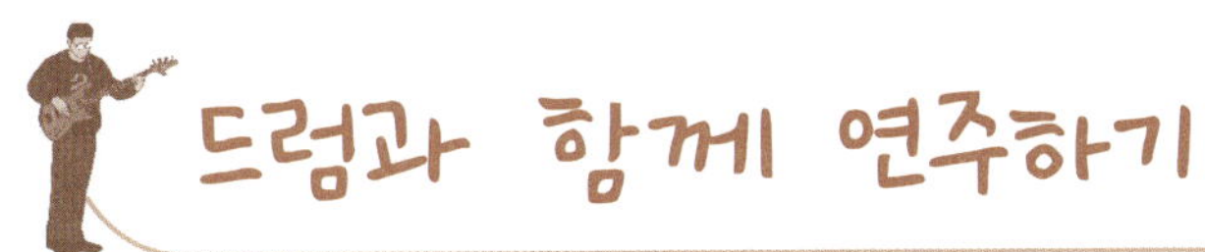

드럼과 함께 연주하기

Intro　**Verse 2**　**Ending**

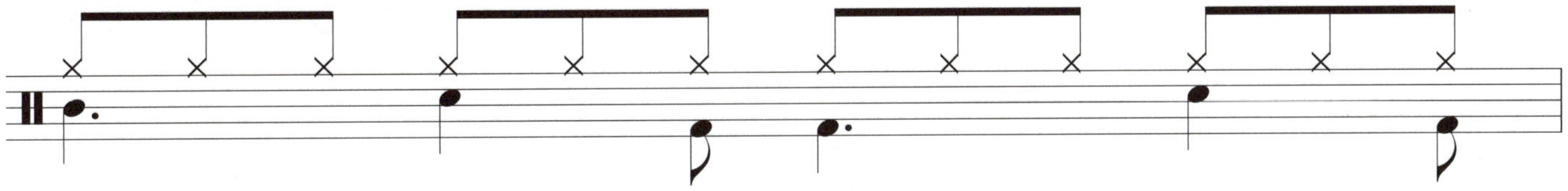

Verse 1　**Interlude**

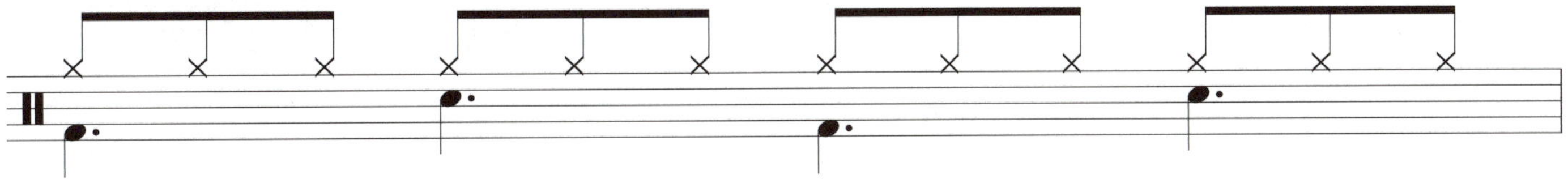

Chorus 1

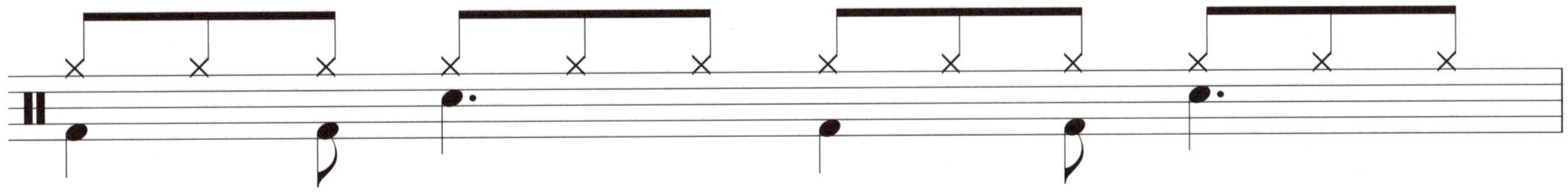

Chorus 2

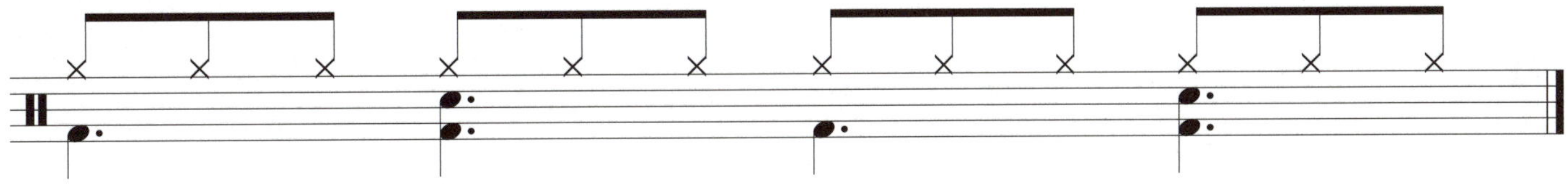

베이직 12/8 리듬 베이스 라인

Basic 12/8 in E

Intro

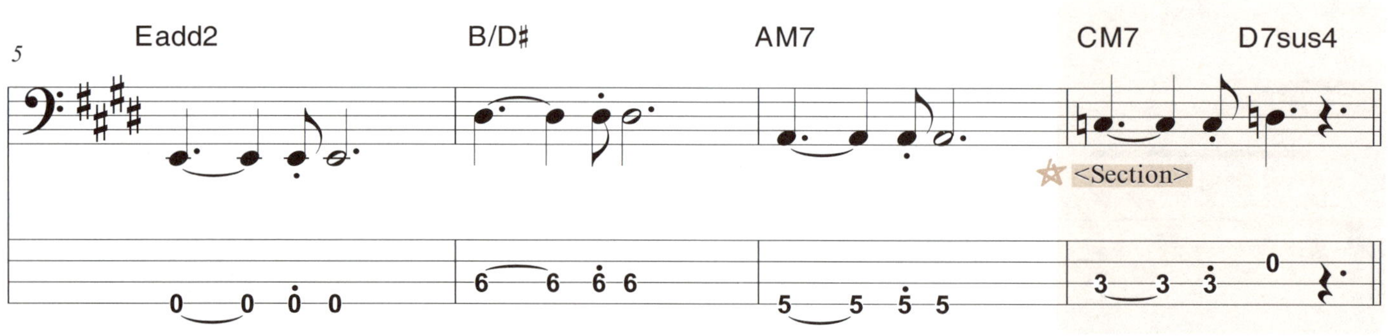

Verse 1

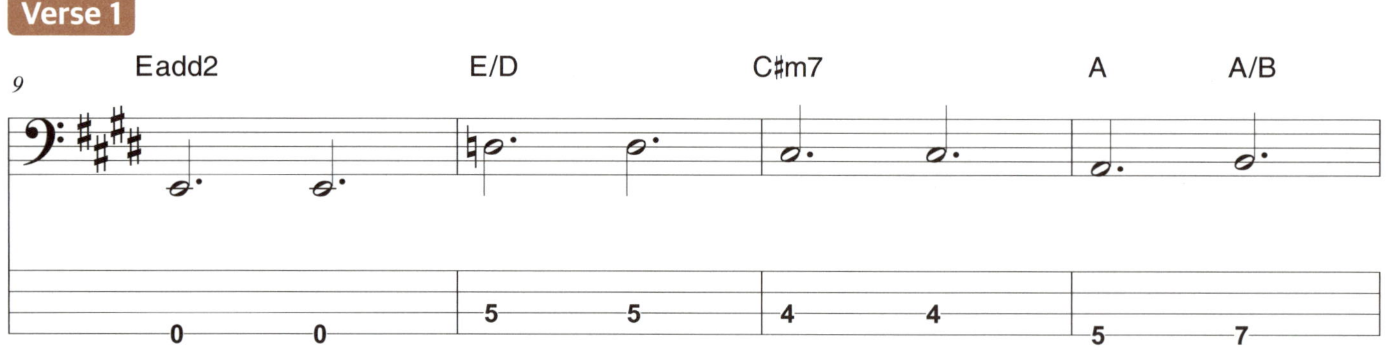

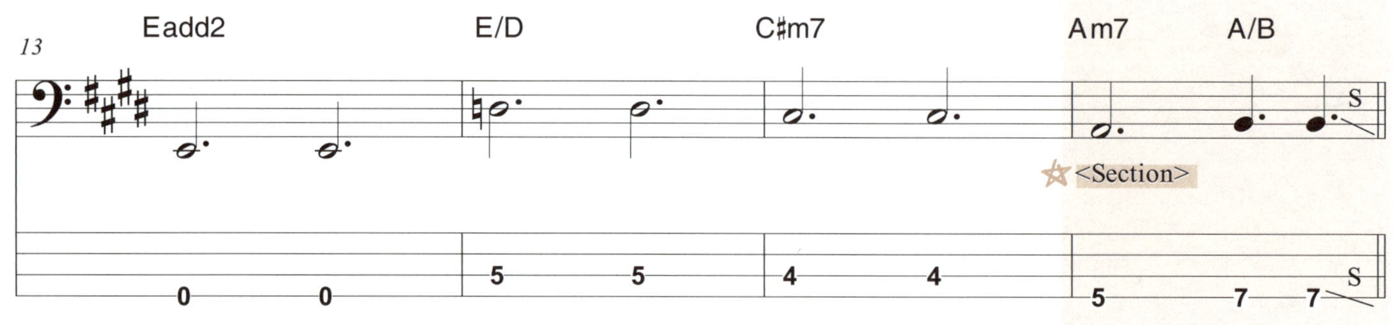

Chorus 1

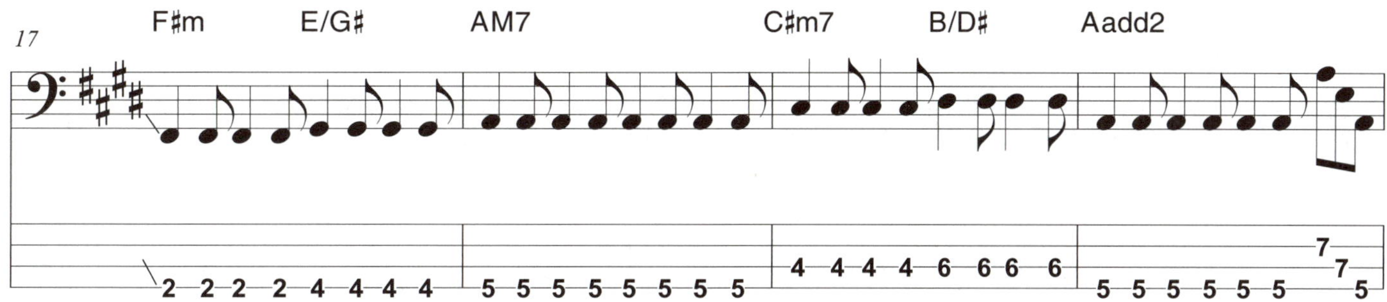
17
F#m   E/G#   AM7   C#m7   B/D#   Aadd2

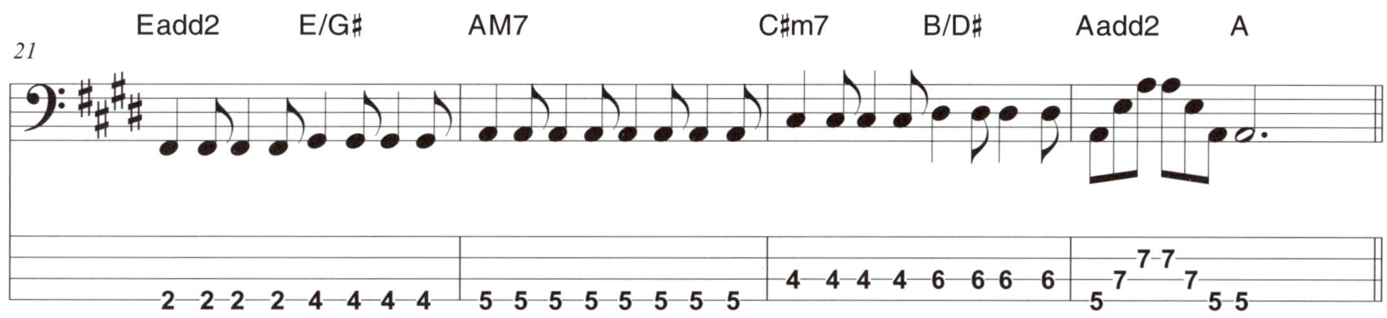
21
Eadd2   E/G#   AM7   C#m7   B/D#   Aadd2   A

Interlude

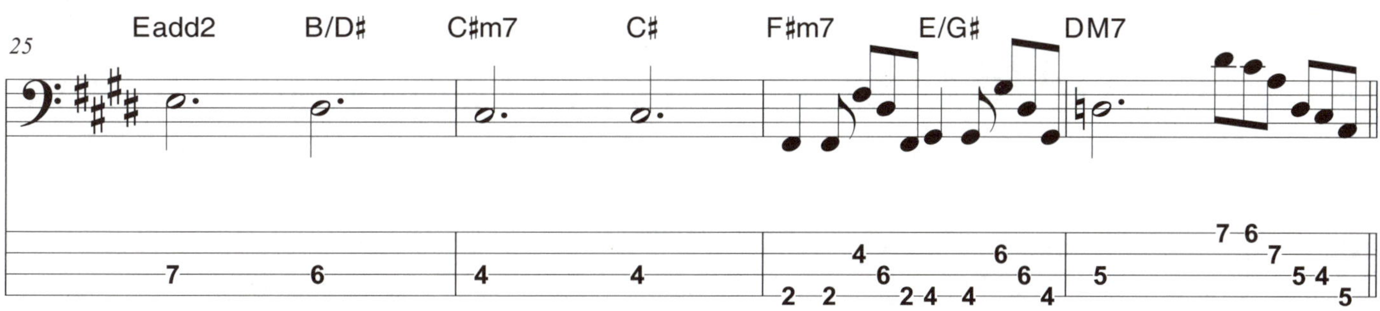
25
Eadd2   B/D#   C#m7   C#   F#m7   E/G#   DM7

Verse 2

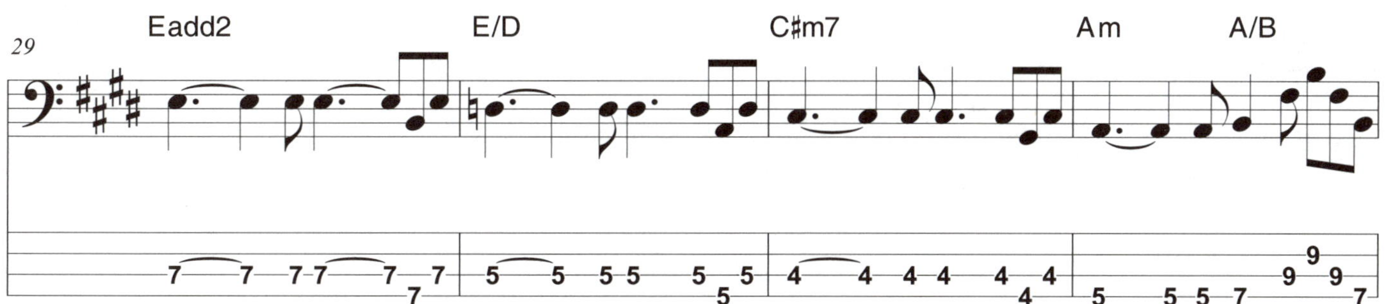
29
Eadd2   E/D   C#m7   Am   A/B

33
Eadd2
E/D
C#m7
Am
A/B
<Section>
S
7 7 7 7 7
5 7
5 5 5 5 5
5 7
4 4 4 4 4 4
5 5 5 7 7
Chorus 2
37
F#m7
E/G#
AM7
2 2 2 2 2 2 4 4 4 4 4 4
5 5 5 5 5 5 5
7 7 6 7 5
39
C#m7
B/D#
Aadd2
F#m
E/G#
4 4 4 4 4 4 6 6 6 6 6 6
5 5 5 5 5 5 5 5 5 5 5 5
2 2 2 2 2 2 4 4 4 4 4 4
42
AM7
C#m7
B/D#
Aadd2
S
<Section>
9 7 6
5 5 5 5 5 5 5 7 7
4 4 4 4 4 4 6 6 6 6 6 6
S 12
5 5 5 5 5 5
Ending
45
Eadd2
B/D#
AM7
Am
B7(♭9)
EM7
S
9 8 8 8 8 9 8
7 7 7 7 9 9
7 7 7 7 7
S
5 5 5 7 7 0

응용 12/8 베이스 라인
12/8 in E
모범 연주
MR
Intro
♩ = 90
Eadd2
B/D#
AM7
Am7
B7sus4
Eadd2
B/D#
AM
CM7
<Section>
Verse
Eadd2
E/D
C#m7
A
A/B
Eadd2
E/D
C#m7
Am7
A/B
<Unison>

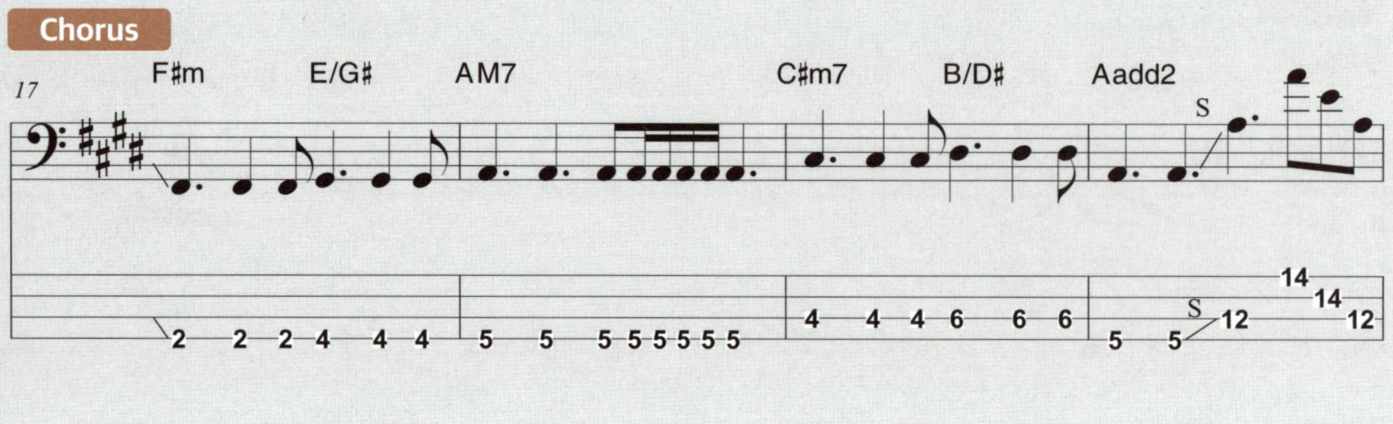

Chorus
17
F#m
E/G#
AM7
C#m7
B/D#
Aadd2
S
2 2 2 4 4 4
5 5 5 5 5 5 5 5
4 4 4 6 6 6
S 12
14 14
12

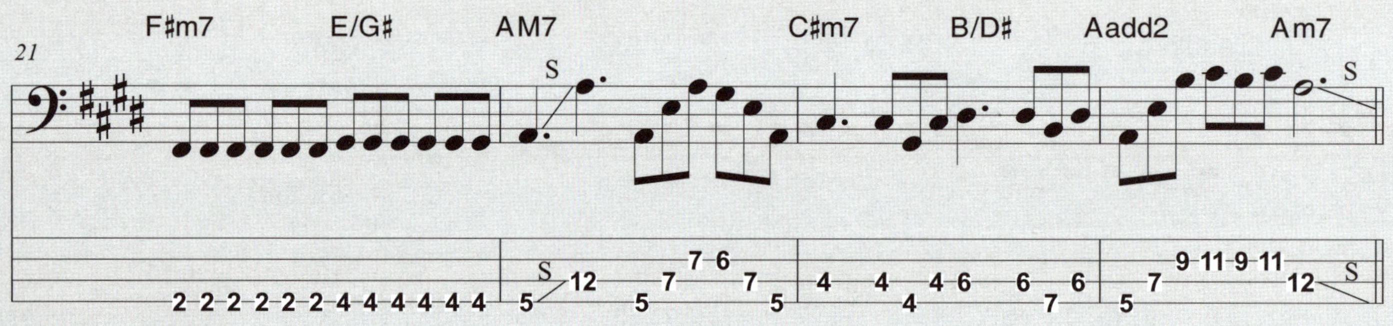

21
F#m7
E/G#
AM7
C#m7
B/D#
Aadd2
Am7
S
S
2 2 2 2 2 2 2 4 4 4 4 4 4
S 12
5
7 6
7
5
4 4 4 6
4
6 6
7
7
9 11 9 11
5
12
S

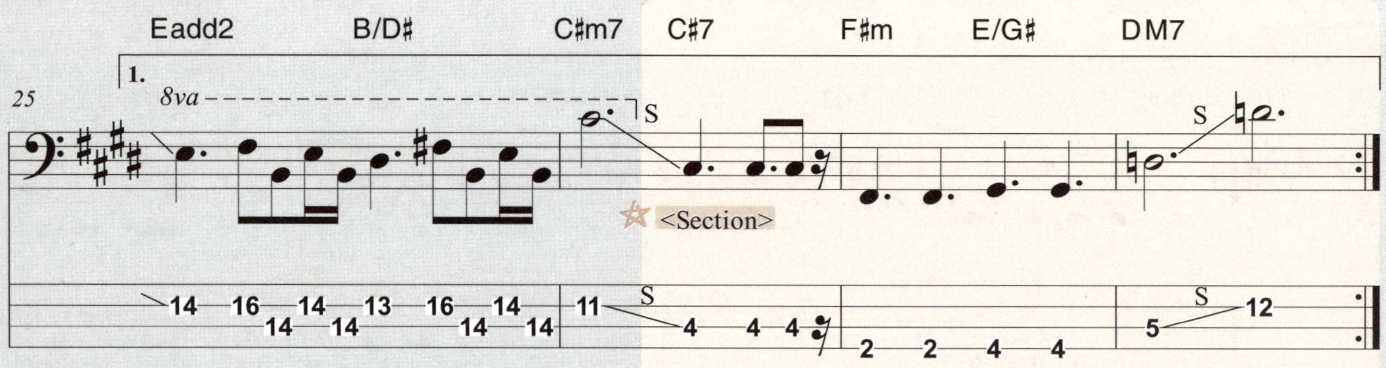

Interlude
Eadd2
B/D#
C#m7
C#7
F#m
E/G#
DM7
1.
8va
S
S
<Section>
14 16 14 13 16 14
14 14 14 14
11
S
4 4 4
2 2 4 4
S 12
5

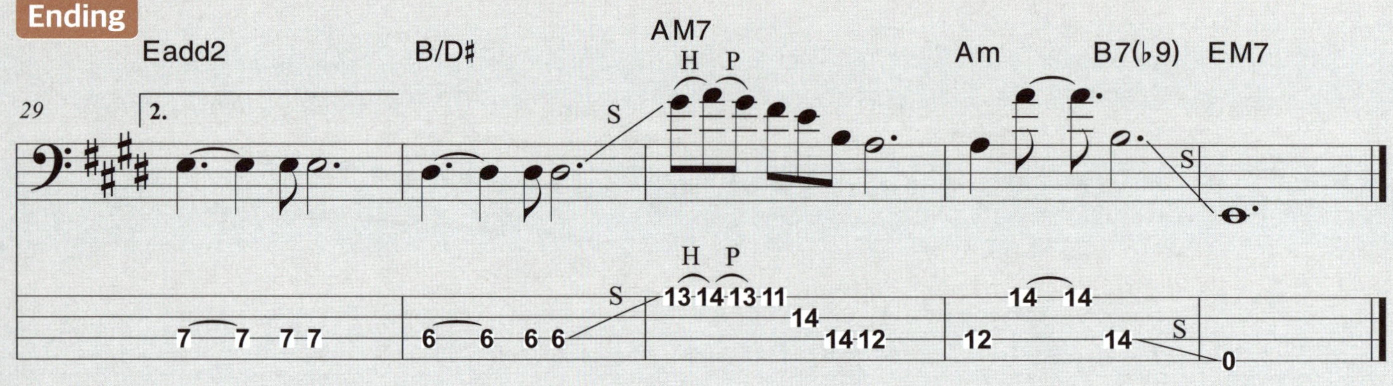

Ending
Eadd2
B/D#
AM7
H P
Am
B7(b9) EM7
29
2.
S
S
H P
S 13 14 13 11
14
7 7 7 7
6 6 6 6
14 12
14 14
12
14
S
0

Half Time Shuffle In Cm

하프 타임 셔플 리듬이란? Half Time Shuffle Rhythm

힙합과 일부 블루스 음악에서 광범위하게 사용되는 셔플 리듬의 변형을 하프 타임 셔플이라고 합니다. 일부 팝 및 록 음악에서 홈 앳 라스트Home At Last와 바빌론 시스터즈Babylon Sisters에 나오는 버나드 퍼디Bernard Purdie의 퍼디 셔플Purdie Shuffle입니다. 둘 다 스틸리 댄Steely Dan의 노래입니다. 레드 제플린Led Zeppelin의 'Fool in the Rain'은 퍼디 셔플의 파생물을 사용하고, 토토Toto의 제프 포카로Jeff Porcaro는 'Rosanna' 트랙을 위해 제플린과 퍼디 셔플의 하이브리드 버전인 Rosanna 셔플을 만들었습니다.

기본적인 하프 타임 셔플 베이스 패턴 Basic Half Time Shuffle Bass Pattern

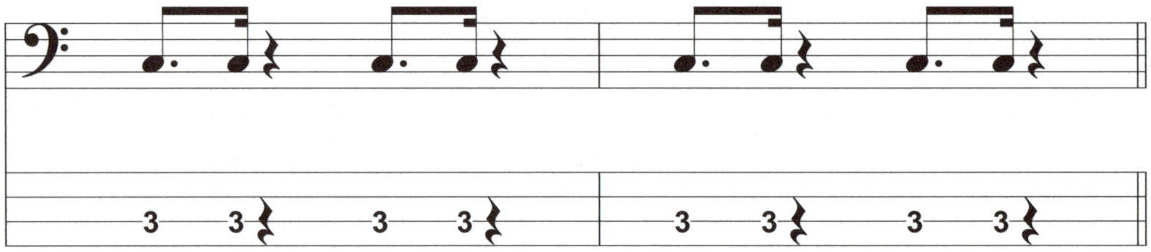

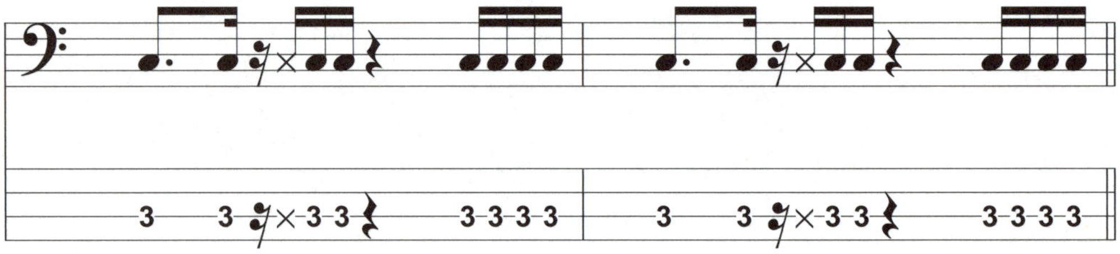

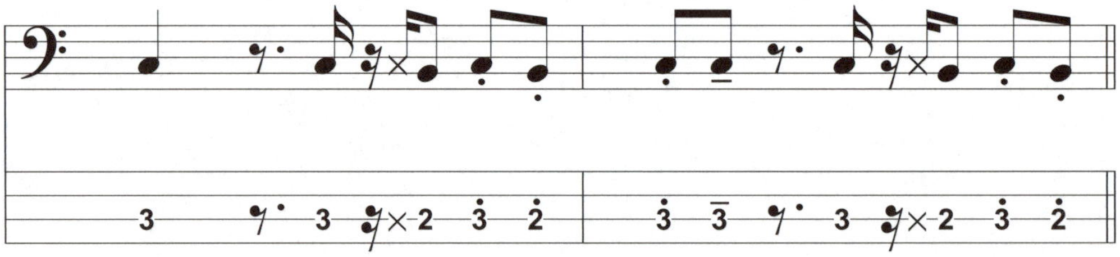

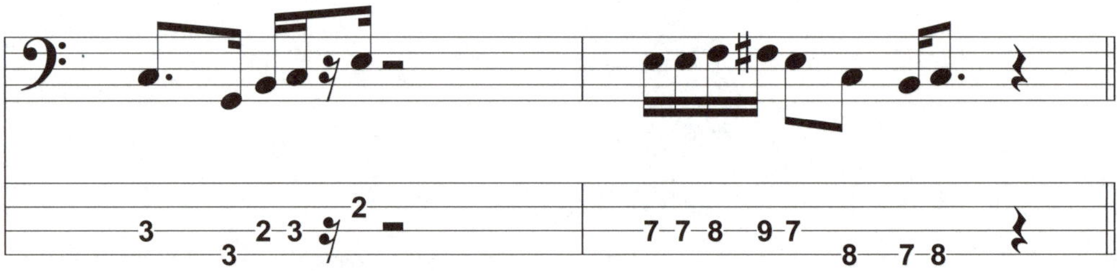

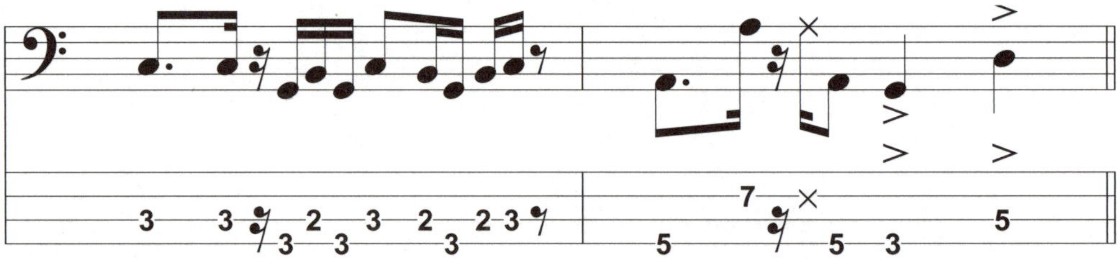

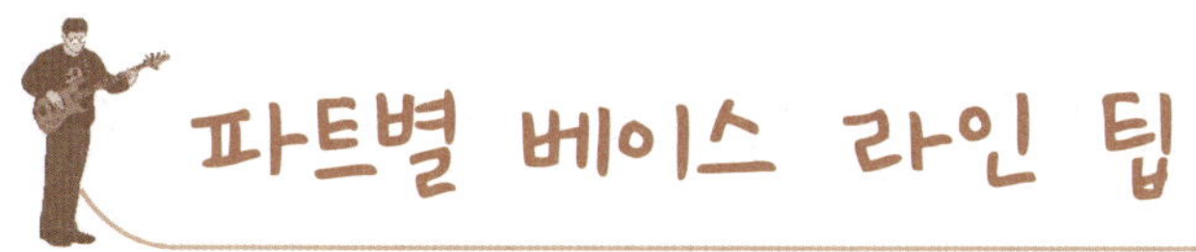

파트별 베이스 라인 팁

전주(Intro) 16분음표와 8분음표의 베이스 드럼과 맞추는 악센트를 주의해서 연주합니다. 8마디의 섹션을 잘 지켜 연주합니다.

Intro

벌스 1(Verse 1) 첫 박자에 스타카토 연주와 뮤트 주법이 잘 들리게 연주합니다. 4마디 섹션과 7~8마디 유니즌을 잘 지켜 연주합니다.

Verse 1

음 길이의 타이밍에 따라 전혀 다른 느낌을 주기 때문에 이 점을 유의하여 연주
합니다. 16분쉼표 뒤에 있는 뮤트와 8분음표를 잘 유지하여 연주합니다.

Chorus 1

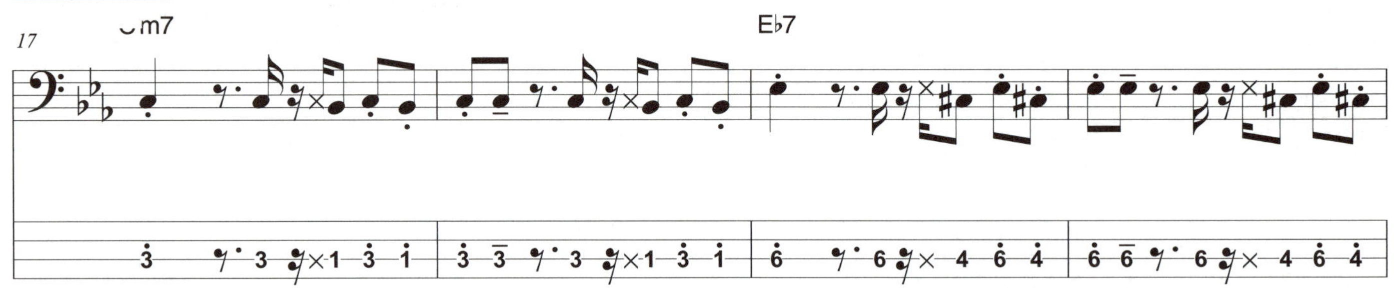

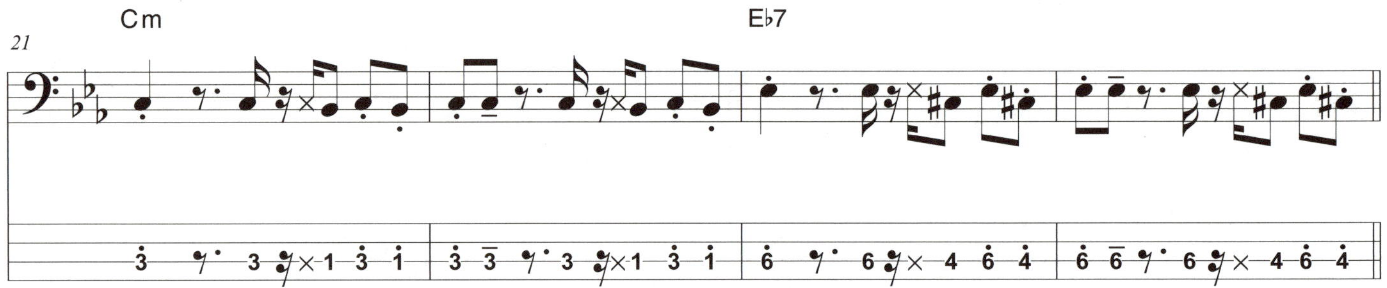

슬라이드 연주 주법과 옥타브 연주 시 왼손과 오른손 밸런스를 잘 잡아 연주합니
다.

Interlude

35~36마디에 있는 유니즌은 기타, 베이스, 키보드와 동일하게 멜로디를 연주합니다. 35마디 4번째 박자에서 슬라이드 연주 후, 36마디 마지막 박자 16분쉼표 연주하고 드럼과 맞춰 섹션을 연주합니다.

Verse 2

한마디 전부 16분음표와 뮤트가 있기 때문에 집중해서 연주합니다.

Chorus 2

곡의 마지막 부분으로 4마디 스타카토 연주를 잘 지켜서 연주합니다.

Ending

예제곡에서 사용되는 음계

Scale

C 하모닉 마이너 스케일

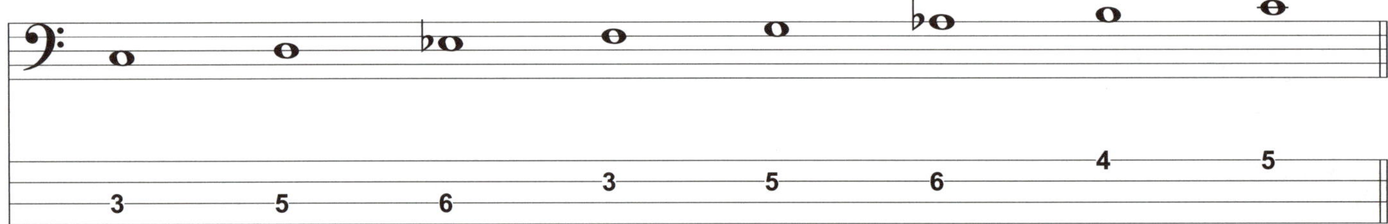

C 하모닉 마이너 스케일

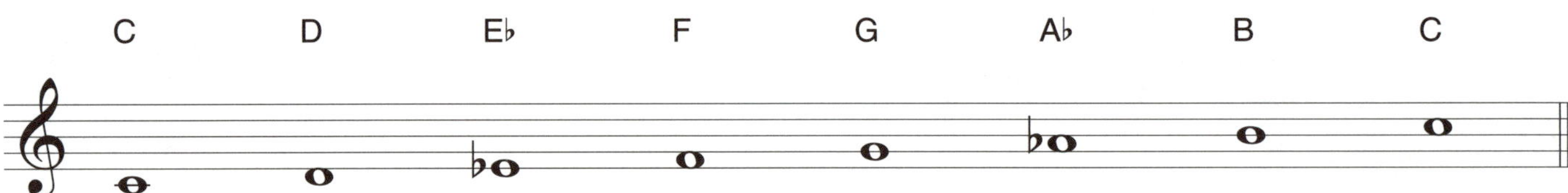

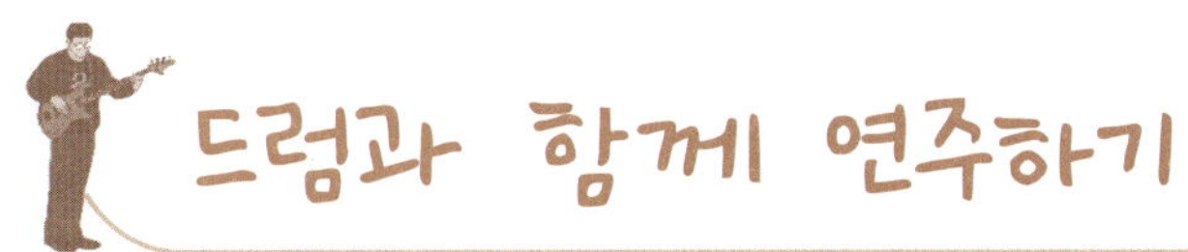

드럼과 함께 연주하기

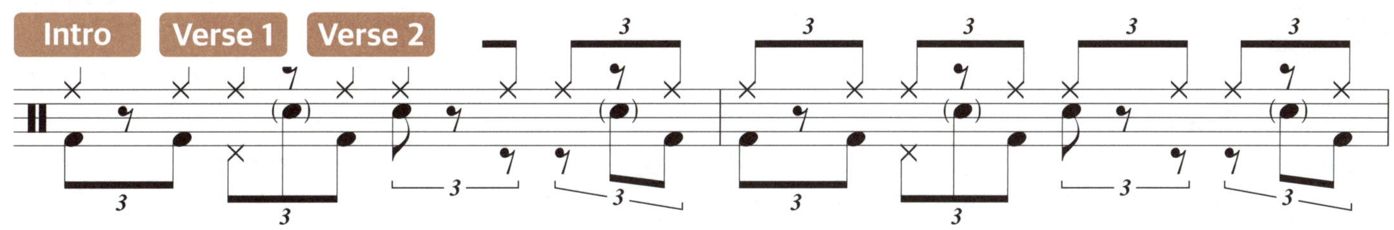

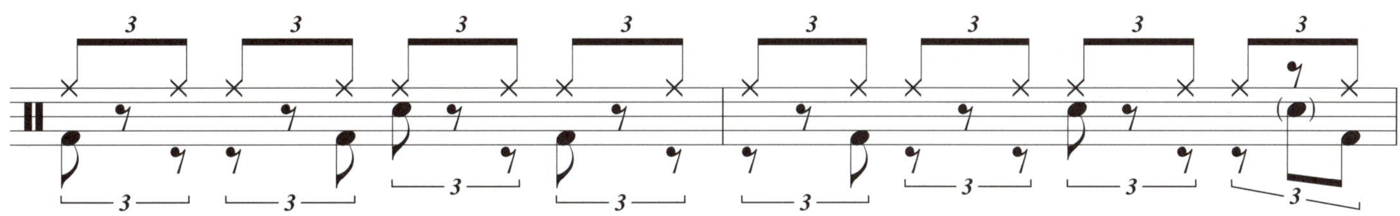

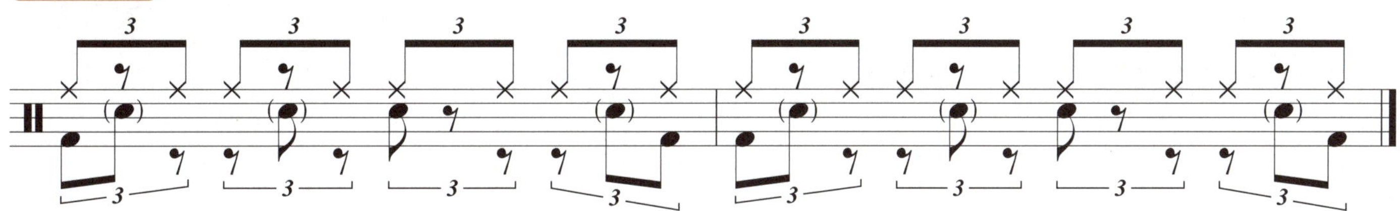

베이직 하프 타임 셔플 베이스 라인
Basic Half Time Shuffle Bass Line

Basic Half Time in Cm

Intro

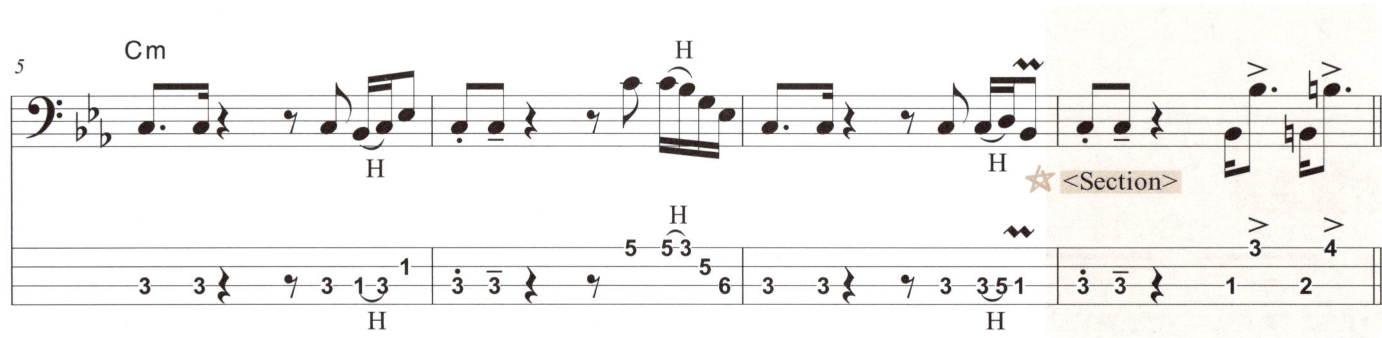

Verse 1

Chorus 1

17
Cm7
Eb7

21
Cm
Eb7

Interlude

25
Cm7
S
S
S
S

Verse 2

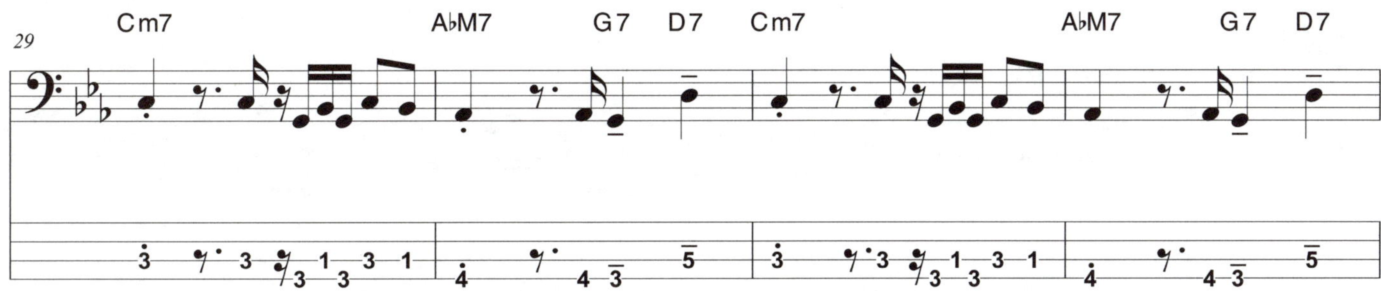
29
Cm7
AbM7
G7
D7
Cm7
AbM7
G7
D7

Cm7
A♭M7
G7
D7
8va
S
☆ <Unison>
Chorus 2
Cm7
E♭7
E♭7
Cm7
E♭7
Ending
Cm
B♭7
B7
Cm7

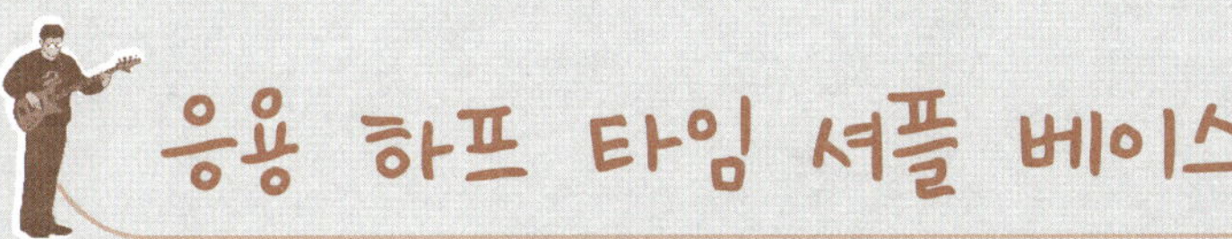

Halftime in Cm

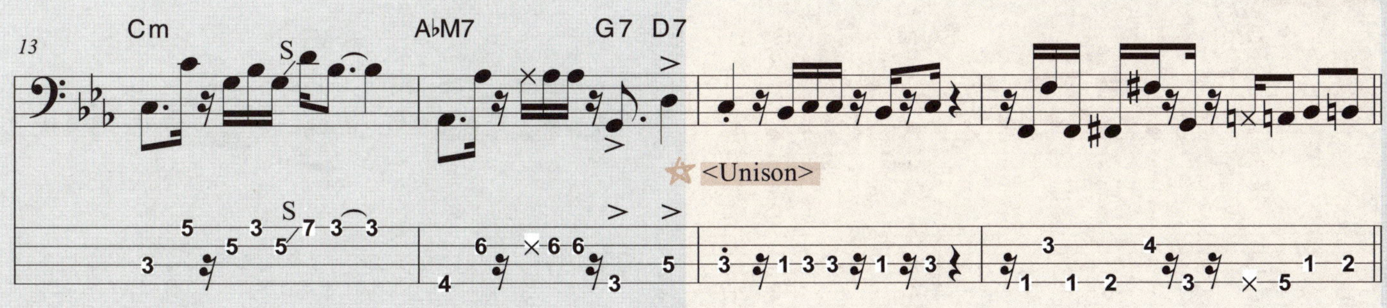

Chorus 1

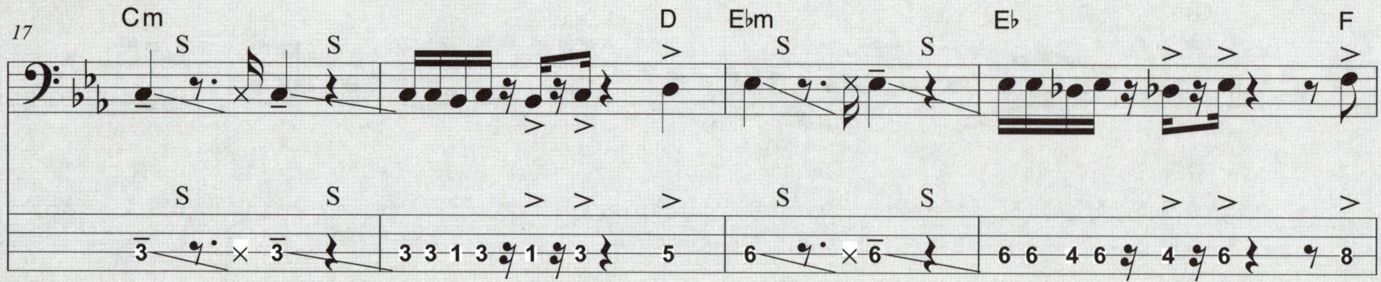

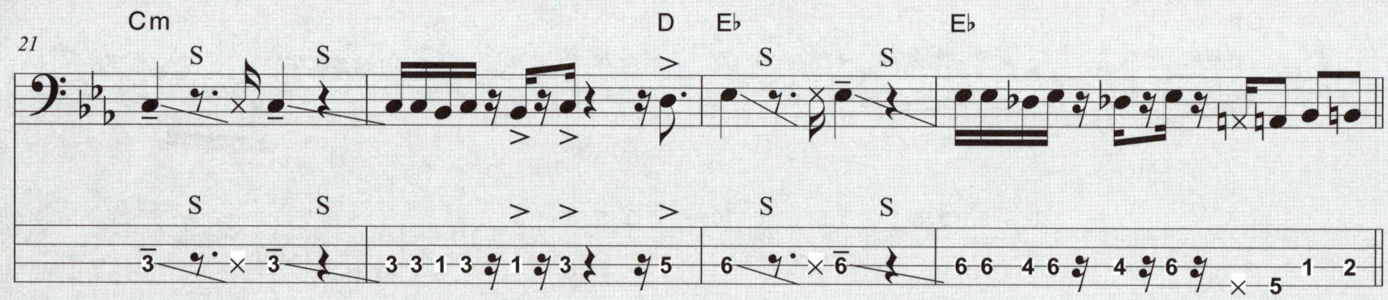

Interlude

Verse 2

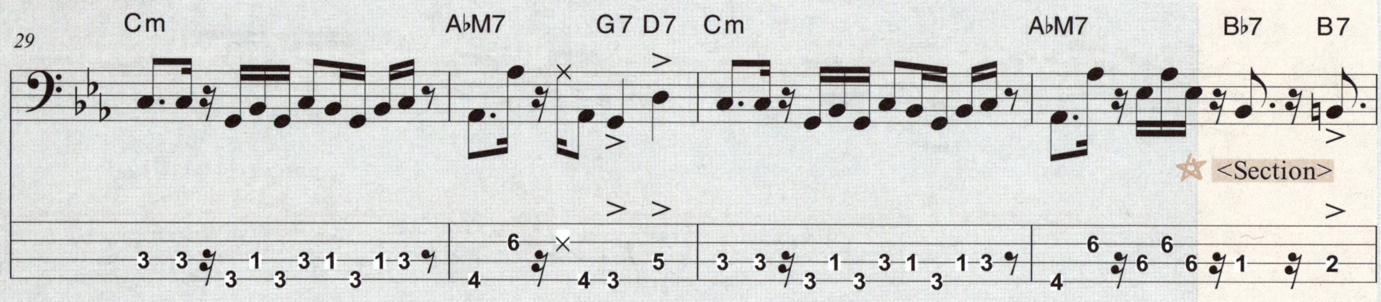

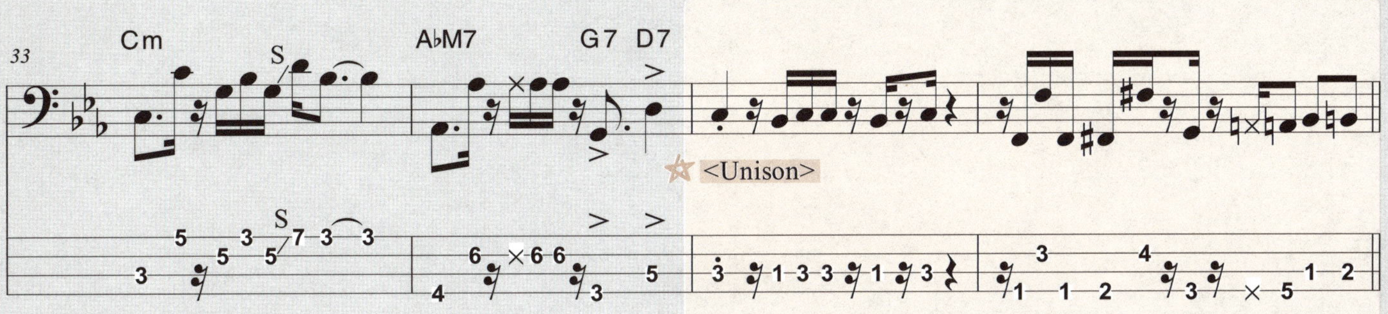

Chorus 2

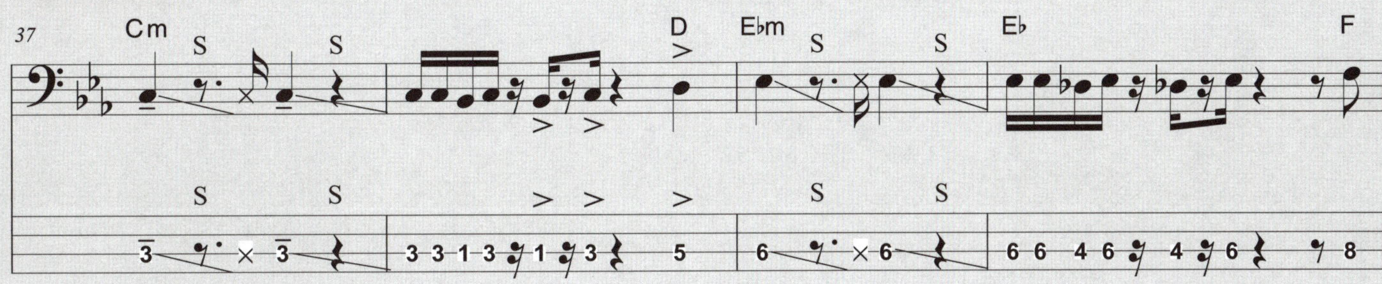

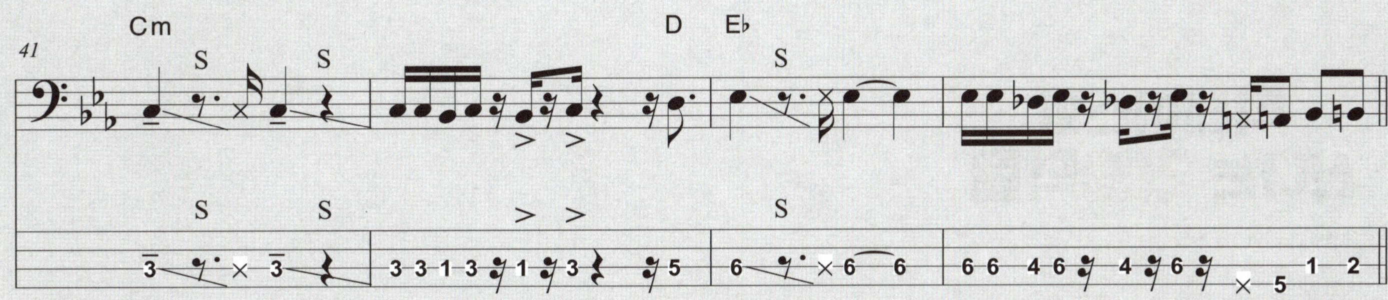

Ending

덕베이스의
신나는 리듬덕질

발행일 2024년 6월 20일

저자 김덕현
발행인 최우진
편집 왕세은
표지디자인 김준하 · **내지디자인** 김세린
음원 믹스&마스터 안영준
채보 이홍범

발행처 그래서음악(somusic)
출판등록 2020년 6월 11일 제 2020-000060호
주소 경기도 성남시 분당구 정자일로 177
이메일 somusicu@naver.com

ISBN 979-11-92447-47-6(13670)